# はじめに

障害者雇用はここ数年で、数字のうえではだいぶ進んできたように見える。私が障害者の就労支援サービスを始めたほんの一五年前はまだまだ「障害者に就労なんて無理！」という声が大きかったので、ずいぶんと様変わりした。法定雇用率も徐々に引き上げられ、約半数の企業は達成できていないが、罰則金（納付金）を納めておけばいいという雰囲気ではなくなったようだ。

今や障害者も売り手市場になっており、採用競争が激化している。量より質をという声も聞こえるが、企業にとっては量も質も達成するのは簡単ではない。質というのは、障害者が雇われた会社の戦力となって働くことを意味する。だから量をとって雇用代行サービスと契約すれば、その質を疑問視される。だが質をとって戦力化を図ると離職率が増えるという。本当だろうか？

「障害者に合った仕事がない」「すぐに辞めてしまう」というのが人事担当者のよくある悩みというか、言い訳だ。

とはいえ、仕事が必要な人は障害者に限らないし、昨今ではＤＸだ、リスキリングだと人事担当者は大忙しである。この本のタイトルは「障害者雇用のすすめ」だが、障害者だけを特別扱いするつもりはない。障害者には比較的支援制度が整っている。パートの仕事をかけ持ちするシングルマザーや難民を含む外国人など、企業が手を差し伸べる相手は他にも山ほどいるのを忘れてはいけないだろう。それでも障害者の雇用をすすめるのは、それによって得られるものが大きく、必ずや企業の糧となり、課題先進国といわれる日本の社会を変える原動力になりうると考えるからだ。

そしてそのことに気づいてか、コンプライアンスが徹底しているのか、実際うまくやっている（ように見える）企業がある。そうした企業にはきっと何かしらの共通点があるのではないか？　そしてそれはこれからも持続可能なのか？

その辺りをじかに見聞きして知り得たことを、今もなお雇用のミスマッチと法定雇用率の達成に不安を抱える人事担当者と、ＡＩの登場などで一〇〇年に一度の変革期といわれる今、障害者のことなどにかまっていられないと思っている経営者の皆様に届けたいというのが、この本の執筆の動機である。

そしてもう一つの動機は、すでに出版されたこの手の書籍を見渡してみると、研究者やコンサルタントによる教科書的なノウハウ本が多く、支援者側、特に就労支援事業者の立場になるものがなかったからである。障害者雇用において、支援者との関係構築はとても大事なので、そちら側の事情や想いを酌まないのはいかがかと思うのだが、精通していないともちろん書けない。そこで改めて懇意の事業所を取材させていただいたので紹介する。

私はごく最近まで、約一五年にわたって障害者が受けられる福祉サービスのうちの就労継続支援B型事業所を経営してきた。通ってくる障害者とのやり取りはもちろん、彼らを支援する従業員への対応に苦慮することも多かった。それは営利企業が陥る理想と現実のギャップであり、限界でもあったと思っている。だが、そういう経験をした者にしか伝えられないことがあると感じるのだ。そこでまず、そこまでの経緯と就労支援事業について、次章『障害者の就労支援と私』で、自己紹介を兼ねて綴らせていただく。

二〇二三年八月

株式会社ウェルガーデン 代表取締役
障害者雇用コンサルタント
古里 靖

# 障害者雇用のすすめ　目次

# 障害者の
# 就労支援と私

## 作業所から福祉サービス事業所へ

私は二〇〇八年から二〇二二年までの約一五年間、障害者の就労継続支援B型事業所を経営してきた。最初の三年間は所属するキリスト教会の牧師が持つNPO法人の下で。その後、株式会社を設立し、神奈川県の相模原市に二カ所、伊勢原市と大和市に一カ所ずつの計四カ所で、およそ三〇〇人の障害者の支援に携わってきた。

就労継続支援B型事業所とは、障害者が利用できる福祉サービスのうちの一つで、一般就労が困難な障害者に働く場所と機会を提供し、自立した生活を送るのを支援するのが目的である。通ってくる利用者は、介護が必要なほどその障害が重いわけではないが、様々な理由で今は就職が困難と認定された人たちで、その障害が目立たないために、周囲に理解されずに支援が届きにくく、生きづらさを覚えている人たちだ。この人たちがやることがない、行くところがないといって引きこもってしまわないように、日中の居場所を与えるセーフティーネットの役割も果たす。

こうした人たちは年々増え続けている。今や人口の七・六％に何らかの障害があり、小学生の八・八％は発達障害が疑われるという。身体障害者はほぼ横ばいなのに対し、知的と精神の障害者は増え続けていて、特に精神（発達も含む）が多い。それにはこのストレス社会の影響に加え、社会的な認知が進んだことで、積極的に診断を受けて手帳を取得する人が増えたからといわれている。障害者差別禁止法などの法律が整備され、障害者への合理的配慮が進んだおかげで支援が届きやすくなったということもある。

私が初めて精神障害者と面と向かって接したのは二〇〇六年頃、いわゆる小泉改革で規制緩和が進み、障害者自立支援法（現障害者総合支援法）ができたのがこの前年だ。だが、まだ障害者雇用促進法に精神障害者は加えられていなかった。その頃「障害者地域作業所」として活動していた施設はすべて就労支援か生活介護、又は自立訓練の場所として福祉サービス事業者への登録を余儀なくされた。そうした施設は通ってくる人の障害の程度と行っている内容によって、そのどれかを選択するようになるのだが、働いている職員らの反応は、障害者本人（サービス利用者）が作業所（サービス提供者）と契約を結ぶ方式に対する生理的なアレルギーもあって、「契約なんて無理！」「かわいそう！」といった感傷的なものがほとんどだった。二〇〇三年に「契約制度」が導入されたのだが、それまでは「措置制度」といって、行政が障害者の通う先や活動内容を決めるのが常識だったのである。だが私はそういった基礎知識もないままにこの業界に身を置くようになってしまった。それは園芸療法との出会いがきっかけである。

## 障害者とガーデニング

私は高校を卒業して以来ずっと、植物と庭を管理する仕事に従事してきた。個人事業主として独立したのが三十代の半ばで、個人宅を中心に、毎月一回定期的に訪問して庭をきれいに手入れするというサービスを始めた。これは二〇代の前半にアメリカのカリフォルニアでガーデナーとして二年間働いた時の経験を活かしたものだ。日本では盆と暮れに植木屋を呼ぶというのが定番のスタイルなので、植木屋さんに頼むほどじゃないという層に、新聞を取るくらいの料金でいつも庭をきれいにしておくことができると評判になった。それに一人暮らしの高齢者の顧客なども増え、そのうち一人では手一杯になって、この先どうしようと考えているときに、知り合いのガーデナーに紹介されたのが東京都町田市にあった「畑の家」で、精神障害者とハーブを育てたりする、日本では数少ない園芸療法を実践する施設だったのである。

その頃ちょうど、一〇代半ばから三〇代半ばで、学校にも行かず仕事にもいかず職業訓練らしいものも受けていない若者を指す「ニート」という言葉が広がり始めていた。私も三〇代半ば、なんとか自分に向いた仕事を見つけることはできたが、バブルが崩壊してからの数年間は根無し草のようになって自分探しに明け暮れた時期があった。そして小学生の娘との二人暮らしに、毎日がいっぱいいっぱいで、心も体もまったく余裕のない生活を送っていた。それでも青い空の下、植物に囲まれた庭に出て芝刈り機を押し、噴き出してきた汗を拭い、刈った草の匂いを嗅ぐと、何もかもを肯定できるような気がして、癒されている自分に気がつくことがあった。だからこの仕事はきっと様々な問題を抱えて苦しんでいる人たちにもいいはず、と自分の仕事をそんな風に活かしてみたいと思うようになったのだ。

それまで障害者といわれる人と接したことはなかったし、精神障害者となるとネガティブな印象しか持っていなかった。ところがその施設に来るのは皆口数も少なくおとなしい人たちばかりだった。週に一度ボランティアとして参加させてもらい、同世代の人とは好きな音楽の話で盛り上がるなど、自然と打ち解けていった。そのうちに所長さんから「この人たちをあなたの仕事に連れて行ってくれないか」と頼まれ、三人を一人一週間ずつ、一緒に仕事をした。

結果は失敗だった。服薬の影響もあって落ち着いて見える彼らは、彼らなりに一生懸命にがんばって働いてくれた。でも私はいつものように自分のペースで仕事を進めるばかりで著しく配慮に欠けていた。だが当時の私には知識も経験もなかったので、無理もなかったのだ。三人とも体調を崩すことはなかったが、もう一度やりたいとはいわなかった。でも彼らの懸命な様子を見て、こちらのやり方次第ではお互いに得るものがあることが分かった。

## 福祉サービス事業所の経営

作業所と呼んでいた「措置」の時代は、行政から支給されたまとまった「支援費」でやりくりをすればよかった。しかし障害者自立支援法ができて指定福祉サービス事業者になると、人員や設備を指定基準に整え、通ってくる利用者とは個別にサービス利用契約書を交わし、支援計画書を作成しなければならない。毎日の作業で得た収入は利用者へ工賃として分配し、一日一回の利用料金を月ごとに国民健康保険連合会へ請求してやっとその事業報酬（訓練等給付費）が支払われるという仕組みに変わった。定員のくくりはあるが、多くの利用者にたくさん利用してもらえば収入が増える。だが利用者は皆、一般就職が難しいとされた人たちだから毎日通ってなど来られない。一日来ては次の日は休みといった具合だ。通所率が五〇％だとまったくの赤字なので、頭数は定員の倍を確保しなければならない。その一人一人の通所記録や請求事務などがある。そして作業をするよりも話を聞いてほしいというような人が多く、しっかり対応しようとすると人手がいる。一方で仕事をして工賃を稼がなければならないが、箱を折るとか袋に詰めるといった単純な作業でも皆サポートがいる。より高い工賃を支払うためには単価の良い仕事をたくさんこなしたいところだが、皆ができる単価の良い仕事などあるはずもない。ならば数をこなすしかないが、ただでさえ皆動きが遅いうえに長い時間集中して作業するのが難しい。だから事業として成り立たせるには、できるだけ単価のいい仕事を確保し、できるだけ高い工賃を支払うことで、毎日通ってくる利用者を増やし、職員は最低限の人数でやりくりするのである。

だが現在全国に一万カ所あるB型事業所の平均の工賃は一人ひと月に一万五千円程度

だ。自立支援法ができた当時は九千円程度だったから、増えるには増えた。作業所時代には漫然と行っていたそれを、それなりにどこの事業所も工夫と努力を重ね、改善してきた。だが一〇年経っても数千円が限度だった。行政が、工賃が高いほど基本報酬が増える仕組みに変えるなどして促してきてもだ。多くの利用者にとって、増える数千円の工賃は通所のモチベーションにはならないのである。

それならばやはり就労だということで、今度は就職者を出すことにインセンティブを付けた。だが、就職する人を出せば基本報酬自体が減るので、急いで新たに利用する人を獲得しなければならないが、簡単ではない。障害者自立支援法では営利法人の参加も可能になったので、事業者の数は年々増え続けた。それらの事業者があの手この手で利用者獲得に動く。最近ではＩＴやＡＩに関係する作業を体験できる事業所が人気だ。だがやはり少しでも稼ぎたいという人は工賃の高い就労継続支援A型事業所を選ぼうとする。A型事業所はかつて「福祉工場」と呼ばれ作業所とは一線を画していた。利用者と雇用契約を結ぶのである。よって労働基準法が適用され、利用者には最低賃金の給与が支払われる。事業者にも諸々の助成金収入があるなどのメリットがある。そうして一時爆発的に増えたA型事業所だが、制度の不備をついて儲ける事業者を排除しようと制度変更を繰り返した挙句、廃業するところ、B型へ事業変更するところが出るなどして淘汰されていった。

一方、工賃よりも企業への早期の就職を目指す人は、就労移行支援事業所を選ぶ。そこでは就職のための学びやトレーニングを重視する。利用期間は最大二年間で、うつ病などを発症した人向けにリワークプログラムを提供するところが多い。就職実績によって基本報酬単価が決まるのはB型事業所よりもシビアに設定されている。なので、企業との関係構築が肝だ。特別支援学校の生徒が就職か福祉か迷う場合は、在学中にこの事業所によるアセスメントを受ける。そして安易にB型事業所を利用することのないような仕組みまで導入されている。

しかしB型事業所の特徴は利用期間の定めがないことから、まさに行政が問題視する利用者と長い時間を共にすごすことができることにある。私の施設でも、通所を始めてから二年と三カ月で就職した人がいた。統合失調症で精神障害者手帳を持つ二十代前半の彼は、精神病院のデイケアを経てやってきた。通い始めた頃は週に三日、半日の利用が精一杯だった。室内で椅子に座ってする作業は苦手で、屋外のガーデニング作業を好んだ。一年後には半日なら毎日通所できるようになった。さらにもう一年後には一日中毎日作業ができるようになった。その頃には通院と服薬は続けてはいたものの、幻聴と不眠はほとんどなくなり、自分から就職したいといい出した。そして三か月後に、希望する屋外での仕事ではなかったが、企業内のメール便の回収と配送という体を使う仕事で就職することができたのだが、それは本人の自信に加え、B型事業所での実績と、職員によるアセスメント評価が功を奏したのである。もっと早い時期に就職も可能だったのではないかとも思うが、本人が好不調の波に折り合いをつけることができて、不安が減り、自信がつくまで辛抱強く待ち続けたのは、報酬が減るからという損得勘定だけでなく、こちらも安心して送り出したいという人情からだったのは確かである。

そのようにB型事業所には、関係者のうちでもっとも当人のことを知っているという自負がある。医者や、場合によっては家族よりも長い時間を共にすごし、同じ釜の飯を食い、一緒に仕事をすることでしか知り得なかったことがあるのである。

## 就労支援の行方

だが、さらに今度は障害者が就労支援系の福祉サービスを利用しようとするその前に、一般就職を促すためのアセスメント専門の機関を置くのだという。今は本人の希望を第一に考え、相談支援事業者が就職できそうだと思っても本人が自信がないなどといって就労支援系のサービスを希望すればそうなるケースがほとんどだ。だが安易に福祉を利用するのを減らそうということなのだろう。増え続ける国の義務的経費としてのそれを何とか食い止めようという意図も見える。

しかし、どんなに面白い仕事があって高い工賃をもらえるとしても、そこが安心していられる場所でなければ利用する人はいない。その安心とは、怒鳴られたり馬鹿にされたり無視されたりせず、職員が常に気にかけてくれる場所だ。そうなるために、まず彼らを支援する職員にやさしさや思いやりといったホスピタリティが備わっていることが大事だ。そして共にすごす長い時間を経て信頼関係を築いていく。いったん築いた関係はそう簡単には崩れない。だから作業所時代からある事業所には二十年、三十年と居続ける人がいる。

そこで今度は利用者の高齢化問題だ。そういう事業所には新しい若い人は入ってこない。だから皆が介護サービスを利用するようになっていなくなれば、事業所も役目を終えてお終いだ。だが実際はそうなる前に職員が辞めてしまって閉鎖に追い込まれるところが多いのではないか。薄給も理由だが、何よりやりがいを見出すのが難しくなるだろう。

就労支援系の福祉サービスの場合、サービス管理責任者以外は特別な資格や経験がなくても配置できる。利用者が重度で介護が必要なサービスだとそうはいかないが、就労支援系を利用する人は比較的軽度な障害なので、突発的な事故などは起こりにくい。批判を恐れずにいえば、誰でもできる仕事なので、異業種からの中途採用者が多く占める。学校などで専門的に学んだ人には少し物足りなく感じるはずだ。だが今後さらに軽度な人たちの雇用が進んでいけば、やや重い人たちが残されていく。職員が素人の集まりだとトラブルが増えるのが目に見えている。職員研修などをして知見を深めていくわけだが、そうして才能を開花させる人がいる一方で、躓く人も多い。前職で消耗し、心機一転、あるいはこならば自分の居場所が見つかるかもしれないと思い福祉の門を叩いてみたものの、幻滅して去っていく人は少なくない。だから経営者は待遇に知恵を絞って何とか職員を確保しようとするが、今度は利益を圧迫することになる。職員を増やし、待遇を良くして良いサービスを利用者へ提供すれば、収入は増えるけれども利益は出ない。介護も保育も構造は同じだ。支援する側の人間に余裕がないと、良いサービスを提供することは難しいのだ。だから事業所への報酬単価を上げ、職員の給与が増えるようにすることは必須なのだが、なかなかそうならない。だが、措置の時代のようにボランティア精神だけでは運営できないのも確かだ。それは規制緩和によって自由競争を促したように、それまでの任意団体などのやり方ではうまくいかなかったことに現れている。そして現在もまた岐路に立っている。B型事業所は今後、より就職を目指す就労移行支援か、より重度の人の生活介護かに事業変更していかなければならなくなるかもしれない。B型事業所として生き残るのは至難の業だろう。

それでもそういう微妙なバランスのもとに存在する就労継続支援B型事業所を運営してきたものとしては、今後も障害者の選択肢の一つとして、その大事な役割を担っていってほしいと願っている。すなわち働きたい障害者に働く力をつけさせ、企業との縁談を取り持つのである。万が一破談になった場合も、その障害者の拠り所としてあり続けるのだ。

## 新たな使命

ガーデニングという特徴あるサービスが差別化を呼び、一定の評価を得て事業を継続してきたのだが、私自身還暦を目の前にしたとき、この事業は後任に任せ、やり残したことをやろうと決めた。すなわち就労支援事業所を利用する障害者に、屋外で植物にかかわる職場を用意することである。事務や内職仕事などが苦手で、屋外で体を動かすことが好きな障害者が、植物にかかわる仕事に就いて働く幸せを見つけることができるようにしてあげたい。そのためにそういう職場を生み出したいと思うのである。緑地を持っている企業であれば、その維持管理を障害者従業員の仕事にするのである。花や野菜の生産農家もい い。この本を読んだ人に、障害者がいきいきと働く緑豊かな企業をイメージしてもらえたら幸いである。

なお今回の取材対象には、障害者の雇用と就労支援などを事業目的にする企業は含まれていない。あくまで主力事業が他にある企業に絞らせていただいた。なので、特例子会社もここには含まれていない。

また障害者は、知的や精神（発達も含む）の障害を持つ人を念頭に執筆した。身体障害者の場合には企業が取るべき対策が比較的わかりやすく、設備の改修や用具の導入などは専門業者とのやり取りが中心で、それ以外のサポートはさほど必要としないはずだからである。

そして「障害者」という表記について、私は通常、人を指す言葉としては抵抗があるので、「障がい者」を使用しているが、公称が多く登場する本書においては無意味な混同を避けるため、公称の「障害者」に合わせている。昨今では、障害は本人にあるのではなく社会の側にあるのだという認識が広まってきているが、障害者の雇用がさらに進んで、こうした気遣いが不要な社会になるといいと思っている。

# 障害者雇用事例7選

# 社内ジョブコーチとリーダー研修で障害者を戦力に

## 川相商事（大阪府門真市） 川相 政幸 社長

創業は一九四七年（昭和二二年）にさかのぼる。製造業務の請負を中心とした歴史ある会社だ。松下電器産業（現パナソニック）から工業用大型モーターの梱包作業を請け負ったことが始まりだ。現在は、製造・物流現場への人材派遣サービスのほか、ＢＰＯ（間接業務の受託）をメイン事業に据えている。大阪本社（大阪府門真市）と滋賀支社（滋賀県草津市）が主な事業拠点だが、大阪市内にも採用面接などを行うためのサテライトオフィスを持つ。従業員は季節変動はあるものの、パート社員を含めて全体で約三四〇〜三五〇人、滋賀事業所は約二四〇人を抱えている。四月〜七月はエアコンの組み立て作業の受注が増え、年一番の繁忙期だ。毎年この期間は従業員を増員して対応している。

## 高い定着率　退職は成長の証し

この事業規模で障害者雇用に取り組んできた中小企業としては先例を作った意欲的な会社といえる。同社が障害者雇用を始めてからすでに一〇年が経過した。二〇一八年には「障害者雇用優良事業所」として滋賀県知事に表彰されている。また前年には、厚生労働省が従業員の自律的なキャリア形成について模範となる企業を表彰する「グッドキャリア企業アワード」で大賞も受賞した。コロナ禍で障害者の採用を一時中断したことがあったが、現在はまた増やし、二〇二三年三月時点で雇用している障害者は、滋賀事業所だけで二四人にのぼり、企業全体で約八％の雇用率を維持している。内訳では一三人が知的障害、精神障害者手帳を持つ発達障害が四人、精神障害が三人、身体障害は四人で、二人は聴覚障害、二人は肢体不自由となっている。

滋賀事業所が障害者雇用の中心だが、同社人材育成部の宮脇和孝さんによると、滋賀事業所の方が大阪より従業員数が多く、職種など受け皿としてのキャパシティーが大きいことを理由にあげる。採用された障害者が担当する業務は、主に製品組み立てラインでの作業や検査業務、物流工程での部品の供給作業や機械操作など現場作業全般にわたる。エアコンの組み立てラインでは約八〇人が作業に従事している。そのうち一二人が障害を持つ社員という。障害者の採用にあたって当初は障害者職業センターや、障害者雇用支援センターから、現在では特別支援学校や就労移行支援事業所から見学・実習をまず受け入れ、実習を通じて知り得た障害者本人の希望と同社の状況にマッチした場合に採用している。二〇二三年四月にはそのルートでさらに二人を受け入れた。安定就業率が高いのも特徴の一つだ。これまでの一〇年間に退職した障害を持つ社員は三人にすぎない。いずれも『他にやりたいことが見つかった』といった本人の前向きな変化が退社の理由という。

## ジョブコーチの存在で安心して働ける職場

定着率の高さの背景には「職場で安心して働けることが一番大きい」と宮脇さんは語る。その安心感を保証するために活躍するのがジョブコーチ（企業在籍型職場適応援助者）の存在だ。一〇年を経て、障害者を雇用するとどういうことが起こりうるかという予測や対応のノウハウが現場に蓄積されてきたため、現場で起こる問題はほぼ現場で対応できているという。それでも現場だけでどうにもならない場合には、この企業内ジョブコーチである倉場眞弓さんに声がかかる。請負先の現場でも何かあれば駆けつけるため、働き手の安心感につながっている。

倉場さんは障害雇用支援センターなどで障害者の就労支援に二〇年以上のキャリアを持つ。もともと川相商事が障害者雇用を進めるにあたり相談をしてきた経緯もあって、同センターの定年退職を機に、「障害者の社員が増え、今後も継続していくためには、専門家の支援が必要。これまでの経験を活かしてぜひ我が社の障害者雇用に一肌脱いでほしい」との同社からの依頼を、福祉でなく民間企業の一員として自分の経験を活かしてみたいと考え、承諾した。

## 障害者雇用は数合わせでなく、「社会的に意義がある」

そもそも川相商事が障害者雇用に踏み切ったきっかけは、二〇一三年度の障害者雇用促進法の改正により、対象になる民間企業の法定雇用率が一・八%から二%へと引き上げられたことにある。当時は現在よりも社員数が少なく、二%に相当する五人は、すでに心臓のペースメーカー器具を使用している身体障害者の社員らがいたため、対応することはできた。しかし、この法改正をきっかけに社内で「障害者雇用を増やしていくことは社会的に意義があることだ。良い機会だから新規採用に踏み切ろう」という意見があがり、以降も積極的に続けてきた。湖南地域障害者働き・暮らし応援センターに相談することから始め、現在は滋賀県内の五カ所の取引先で、雇用した障害者が働いている。

## 障害を持つ社員は取引先の現場にチームの一員として参加

川相商事の特徴の一つに、障害を持つ社員が自社内ではなく、取引先である他社の敷地内で働いていることがあげられる。人材派遣では通常は指揮・命令権は顧客にある。取引先の指示に従って動かなくてはならないため、臨機応変な対応が苦手な障害者にはなかなか難しい。ただ、業務請負の場合には、例えばエアコンを今月何万台生産してほしいという注文を受けると、顧客の施設で、顧客の生産設備を借用して製作する。そのため、川相商事の現場には同社の社員しかおらず、自社の社員がリーダーとして指揮・命令権を持ち、障害を持つ社員をフォローしながら働くことができる。滋賀のある現場では、従業員八〇人のうち障害者が一二人。他の現場でもおよそ一五人に三人の割合で障害者が働いている。

環境の変化が苦手な障害を持つ社員にはできるだけ同じ場所で働けるように配慮している。特に生活環境の変化に影響を受けやすい発達障害の人には、職場が変わるときに必ずジョブコーチが引率して見学をし、通勤ルートを一緒に確認するなど、できるだけ早く順応できるようにサポートしている。もちろん取引先にも障害者が働いていることへの理解と協力をお願いするが、受注した仕事量や納期を守ることは当然である。障害を持つ社員は取引先の作業場所に直接出勤し、勤務時間は午前八時一五分～四時四五分の八時間で、契約社員として他の社員と変わりなく働いている。

## 人手不足の中で障害者は貴重な戦力

宮脇さんは「我々のような人材派遣の仕事で一番困っているのは人集めです。求人難で人材不足、人自体がいないというのが大きな課題」と話す。フルタイムでバリバリ働く人だけを集めようとしても集められない。そこで川相政幸社長が「多様な人が活躍できる職場を作ろうじゃないか」との方針を打ち出し、それが障害者から始まった。しかし、製造ラインの現場からは「フルタイムで働ける労働者以外はいらん」という声があがる。それでも、働き手の不足が続く環境下では、外国人労働者や高齢者、短時間なら可能という子育て中の女性や障害者など、これまでは敬遠していた人たちも働ける職場を作らなければ生き残れないと、現場社員を含め会社全員の意識が変わっていった。

現在、障害者の雇用を義務付けられる企業のうち、達成できない企業が約半数に上っている。体力がある大手企業を中心に進んでいるように見えるが、障害者が本業の戦力として活躍している例は少ない。得意な面を活かせる職場に配置できれば「障害者は貴重な戦力になる」と宮脇さんはいい切る。

## 社内塾の研修で障害者対応を含むリーダー育成

社内ジョブコーチに加え、一〇年間障害者雇用を続けられたもう一つの要因は、二〇一〇年に設けた現場管理者・リーダーを養成する「創喜感働塾」という社内研修制度があげられる。宮脇さんは「これまでの障害者雇用を含むさまざまな課題をのり越えてこられたのは、現場で活躍する卒塾リーダーが実現に向けて主体的に動いてくれたことが一番大きい」と振り返る。そもそもは請負事業を強くするために作った塾だ。しかし、生産性の効率化や利益追求だけが目的ではなかった。派遣会社は労働者の賃金を中抜きすると揶揄されるなか、川相社長をはじめとして社内では「そんなふうにして利益を上げることに会社の存在意義を見出せない。我々のような人材を扱う会社は、人を育成して社員や社会の人々の幸せにつながるような働きをすべきではないのか」との声があがったことも後押しした。

この社内塾には非正規社員を正社員に登用する目的もある。現場の推薦を受けた非正規社員を六か月間週に一日、有給で研修に参加してもらう。塾で学ぶ内容はリーダーとしての心構えや立ち居振る舞いから、中間管理職としてのマネジメントなど多岐にわたる。必要な参考書や教本類はすべて会社が負担する。要件を満たして卒業した非正規社員を正社員にし、ポストがあれば積極的にリーダーに登用する。春と秋に年二回開き、年間で三〜四人が参加する。

二〇一三年には各職場に卒塾生がいる状況になってきた。これまで正社員と人数の多い非正規社員の間では、待遇の違いなどから良い関係性を築くことは難しかった。しかし、卒塾リーダーが現場に入り、共に仕事をするなかで、良い結果を出すためにお互いに支えあうという意識の変化が生まれてきた。障害を持つ社員の担当する業務は、各チームのリーダーが決めるが、働きぶりに好感が広がるようになると、「うちでも働いてもらえるんちゃうか」「ここでもやってみたらどうやろ」といった声がどんどん聞かれるようになっていったという。

卒塾生の中には「研修で多くのことを学び、正社員になれたことで人生が変わった」という人が少なくない。結婚をしたある社員は「生活が不安で踏み切れなかったが、正社員になったことで子供を持つことを考えられるようになったし、ライフイベントが次々起こるようにもなった」という。川相社長も「この社内塾がなかったら今の川相商事はない」と話す。

## 障害者と働くことで「人間力」を養う

障害者が現場で働くにあたっては本人に合った仕事の切り出しが必要だ。宮脇さんら社員は、品質管理も厳しく求められるため、最初はおっかなびっくり、腫れ物に触るように接していたという。だが安定してこなすまでは時間がかかるものの、人一倍集中力を発揮する障害者は少なくない。例えば数センチ四方のテープを製品の角に一定間隔で貼り付ける作業では、一日八〇〇～一〇〇〇個の処理を求められるが、ある知的障害者の場合は当初一日二〇〇個程度しかできなかった。これがしばらくしても二五〇～三〇〇個までしか伸びなかったため、「しょうがないんかな」と諦めかけていたが、続けていると徐々にその数が増え、半年間で八〇〇個程度できるようになった。その後は一一〇〇～一二〇〇個と一般社員の平均を上回るまでになった。「これはすごいぞ。はまっちゃえばめっちゃ早い」と評価され、翌年四月にはさらに二人増やそうということになった。

また、別の障害者の場合は、違う仕事もできるようになってもらおうと物流の仕事を試してみると、固まって動けなくなってしまった。一方でもう一人、テープ貼りの現場で新しく採用した障害者はキョロキョロして集中しない。そこで現場管理者がジョブコーチの倉場さんに相談すると、「彼は物流の作業に向いています。一つの作業に集中するのは無理でも、周りを見ながら動くのは得意だから」と、それぞれの障害特性に合った職場へ配置換えをしてうまくいった。

新たに障害者の採用を増やすには、どうしても古くからいる人に職場を異動してもらわなければならない場合がある。そこで、ある知的障害を持つ社員に異動の話を切り出したところ、「断りたかったけど、僕が異動することでこの会社で働ける障害者が増えるのなら行きます」といってくれた。宮脇さんは「彼の会社と仲間を思う言動に感動した。障害者の仲間がいることで私たちは『人間力』を養わせてもらっている」と話す。

## 障害者雇用を通じて会社や現場が「やさしく」変わる

障害者を雇用して共に働くことの影響について、社員は口々に「現場がやさしくなった。まちがいなく会社そのものが変わった」と話す。一昔前は罵声や叱責が飛び交う現場も多かったが、現在はまったくない。障害者を配属するときは、ジョブコーチの倉場さんからリーダーやチームメンバーにその人の特徴や苦手なことを、できるだけやわらかく伝えて受け入れてもらえるよう気を配っている。リーダーには特に最初の一カ月はしっかりと面倒を見るように伝えているが、周りの同僚が先に「彼困ってるよ」と気づくことも増えるなど、お互いへの気配りや、おだやかな言葉遣いなどが広がったことで現場の雰囲気が変わったという。

多くの障害を持つ社員とは毎日顔を合わせるほか、日誌に今日あったことや感じたことなどを書いてもらい、リーダーが必ずコメントを付けて返すといったやり取りをする。宮脇さんは「そんなことを通じて本来持っているやさしい心を素直に出せるようになった社員が多い」と語る。

## 『なんかやり方あるんちゃう？　なんかできるんちゃうか』

大企業がひしめく大都市圏では、法定雇用率を満たすため、障害者の取り合いになっている。できるだけ多い人数を確保し、とにかく長期間勤めてもらえる優秀な障害者の奪い合いといった状況で、意欲はあるがなかなか障害者を採用できない中小企業は多い。国からの、どんな障害者でも働けるはずという圧力を感じるが、実際企業で働ける人と、難しい人はいるため、見極めが必要となる。

障害者雇用がうまくいっている会社には必ずキーパーソンがいる。トップがそうならなおいいが、並々ならぬ熱意を持った人がいるものだ。川相商事のジョブコーチである倉場さんは「働けるのに働くところがないのが問題」として障害者雇用に特別な思いを持ってきた。倉場さんは「川相商事ではなかなかうまくいかない障害を持つ社員がいたら、『アイツなんとかしてくれ』ではなく、『なんかやり方あるんちゃう？　なんかできるんちゃうか』とバリアフリーの思考になってきた社員が増えた」と話す。支援センターの職員だった時に、うちには障害者向けの仕事がないという企業の現場を見せてもらうことがあったが、行ってみると、着目の仕方や取り出し方次第で障害者でもできる仕事がたくさんあったという。例えば衣類の袋詰め作業なら、畳むのと袋に詰めるのを工程に分けることで、両方は難しくてもどちらかならできるという障害者がその会社で働ける可能性が生まれる。「漫然と行っている作業を、誰にでもより分かりやすく、やりやすくするという着目と柔軟な発想があればうまくいくはずだ」と倉場さんは語る。

## 家庭でも福祉でもなく、仕事を通じてしかできない成長

もちろん、障害者雇用を増やすために生産性を諦めることがあってはならない。倉場さんは「作業能力が高いに越したことはないが、社会人としての最低限のルールを守って長期間働ける可能性の高い人が採用される」という。職業リハビリテーションという概念が

あるが、就職した後の定着支援が重要だ。倉場さんは「働くことで障害者が成長し、自立していくのが実感としてある」と語る。学校でイジメにあってきた自閉症の若手社員は、以前は何かの拍子にフラッシュバックが起こると作業中でも固まってしまうことがあった。だが、今ではそれもほとんどなく、現場で言葉を発することはないが、他の人の部品が少なかったりすると補給してあげたり、彼なりの表現ができるようになった。「こういった成長は家庭でも福祉施設でもなく、仕事を通じてしかできない」と倉場さんは強調する。川相商事にとっては今後、倉場さんの後継者をどう確保するのかが課題となってきそうだ。

川相商事の取材を振り返って

## 「仕事ができる」のは、いつの世でも価値あること

法定雇用率の達成のために「仕方なく」では障害者雇用はうまくいかないだろう。仕方なく雇用した障害を持つ人に、無理やり雑用を寄せ集めて与えるようなやり方はお互いに消耗するだけで実を結ぶことはない。川相商事では障害者雇用を「社会的に意義あること

だ」とし、社内研修を通じて社員を教育した。「人を大切にする」と口でいうのは簡単だが、「創喜感働塾」はトップが何を目指しているのかが伝わるネーミングだ。障害者を雇用するのに見栄を張る必要はない。困っている人や弱い立場の人が「仕事ができる」のはいつの世でも価値あることだからだ。企業のトップがそうしたメッセージを発し、全社員がそれに共感できたなら、障害者を雇用するのはそれほど難しいことではないだろう。

ジョブコーチの資格は一定の要件はあるものの短期間の研修で取得することができるので、社員のうちから適任者を選出するのもいい。外部から新たに採用する場合は、資格のあるなしに拘らず、障害者と長い時間を共に働いた経験のある人を採用したいところだ。介護が必要でない軽度な障害者やいわゆるグレーゾーンの人を職場で援助するのに、障害についての専門的な知識を詰め込んでおく必要はない。それよりも、接する人が喜ぶのを自分の喜びとできるようなホスピタリティの持ち主で、ビジネスセンスを併せ持っているような人をお勧めする。こういう人は実は福祉業界よりも別のサービス業に多くいるかもしれない。

# B型事業所との関係を築き、地域のオピニオンリーダー的存在に

## 高浪化学（茨城県結城郡八千代町）

高浪 浩行 社長

関東平野のほぼ中央、茨城県の南西に位置するこの地で創業したのは一九六四年（昭和三九年）。プラスチックの再生加工に特化した事業、回収したプラスチック製の規格外品などを粉砕・溶融してペレット化し、プラスチック製品の元となる原料として販売する事業を手掛ける。

現在はメーカーごとにカスタマイズしたペレット原料の注文が多い。そうして同社が取り扱うアイテムは六〇品目に上るようになった。最近は環境問題に加えてSDGsの流れもあって資源リサイクルの需要が高まっており、処理費を払って焼却している包装資材をまた自社で使えるようにリサイクルのルートに乗せたいと考える大手企業からの相談が増えている。

## キーパーソンは元自衛隊員。包容力で、障害を持つ社員の退職はゼロ

従業員数は二七人。三工場のうち第二工場で五人の障害者を雇用している。知的障害が一人、精神障害が二人、聴覚と肢体不自由の身体障害が二人。

うち四人は、回収したプラスチックの再生作業と、納品のための梱包作業までを障害特性に応じて手分けして行う。二年前に入社した精神障害を持つ女性社員は品質管理を担当している。各工場から上がってくる製品を検査機器を使って測定し、環境負荷物質などを取り除いてサンプリングするという重要な仕事をほぼ一人で行っているという。マニュアルを見ないで扱えるようになるまでに半年かかった。「プレッシャーよりも、やりがいのある仕事」と話す。時おり情緒不安定となり、何度か原料を検査室にぶちまけたこともあるという。そんなときは担当部長がじっくり話を聞く。調子が悪いときは早退していいことにしている。今年はだいぶ慣れて、各工場へ車を運転してサンプルを回収に行くこともある。

取締役で開発企画部長の蛯沢大輔さんは元陸上自衛隊の自衛官で、札幌市の真駒内駐屯

地にある冬季戦技教育隊に所属していた。全国の中隊長クフスが冬場の戦術を学ぶために来る部隊だ。蛯沢さんは「上下関係のある集団生活のなかでの言葉遣いや耐久力が身についた」と屈託なく話す。現在は取引先ごとのレシピ作りのかたわら、障害者雇用も含め、人事の中心人物でもある。

高浪化学ではペットボトルキャップを洗って細かく砕くという作業があるが、この作業は「障害を持つ人にもできるのではないか」と蛯沢さんは考えた。そしてその空いた時間を別の仕事に回せるのではないか、と思いついたという。茨城県の障害者職業センターに問い合わせてみると、就労継続支援B型事業所を紹介された。センターの仲介で、委託訓練からやってみようということになり、その事業所から二人を受け入れることになった。一カ月の訓練期間を無事終了し、二人とも採用することができた。

「最初は手探りで何がいいのかどうかわからない状態だった」と蛯沢さんはいう。「しかし、人手不足の現在、戦力になる人が育てばありがたい」と今後の採用にも期待している。初めのうちは訪問型のジョブコーチに相談にのってもらうこともあったが、現在ではほとんどないという。今のところ辞めた障害を持つ社員は一人もいない。二〇二一年に厚生労働省の障害者雇用優良中小事業主として「もにす認定」を受け、様々な企業や福祉関係者が見学に訪れるようにもなった。

## B型事業所へ仕事を依頼。その縁で人材の発掘も

高浪化学では現在、そのB型事業所へペットボトルのキャップを洗浄する仕事を依頼している。これまでは社内の障害を持つ社員が行ってきたが、ニーズの高まりから仕事が増えてきたため、その比較的簡単な作業はB型事業所へ回すことにした。コロナ禍で仕事がなく困っていた事業所からは大変喜ばれている。

就労継続支援B型事業所は、障害者が受けることのできる福祉サービスのうちの就労支援系のサービスの一つで、一般企業での就労は難しい障害者に働く機会と場所を提供し、生活支援と就労訓練を行うとされている。多くの事業所で、箱を組み立てたり、商品を袋詰めしたりといった軽作業を、内職を請け負う専門業者から受注して行っている。全国に一万カ所あり、二〇万人が利用しているという事業所の平均の一カ月の工賃は一万五千円程度。介護が必要なほど障害が重いわけではないが、様々な理由から企業での就労は難しいと認定された人たちが利用する。行くところがない、やることがないといって引きこ

もってしまわないように、セーフティーネットとしての役割も果たす。

そうした障害者の作業所へ仕事を発注することは、障害者優先調達法でも推奨されている。自治体によっては一定額を発注した企業を表彰するなどの仕組みがあるが、活用している企業は多くない。そうした作業所向けの単純な仕事はアルバイトなどの短時間労働者に回す場合がほとんどだろう。アウトソーシングするのなら専門の請負業者の方が間違いないし、面倒もないと考えるのが普通だろう。多くの作業所では「お金にならなくてもいい。どんな仕事でもほしい」というのが現状なのだが、なかなかそうした声は届かないようだ。

蛯沢さんが見学したB型事業所では、革のケース付きの手帳を革と紙に分けるという作業をしていたが、聞くと、業者から支払われる代金は、一キログラムあたり〇・一円とのことだった。「驚きはその金額よりも、その仕事を真剣な表情で黙々と続ける障害者の姿でした」と蛯沢さんはいう。体の動く部分を使ってゆっくりとだが、一つ一つ丁寧に仕上げていく。いっぺんに大量の仕事は無理でもやれることはあると感じた。現在はそのB型事業所に年間百万円を超える仕事を発注しているが、今後はさらにそうした作業所を増やしたいと考えている。

## 定着のポイントは「慣れる」「思い込みをやめる」「急がない」

高浪化学では、障害を持つ社員一人一人にノルマというものはない。以前試したことがあったが、かえってパフォーマンスを下げる場合が多かったからだ。確かに最初の数カ月は動きが遅く、はかどらないが、慣れてくると黙々とかなりの仕事量をこなしてくれるようになる。

肉体的な負担をさほど伴わない単純労働ほど、その意味を考えこんでしまったり、それによって自己嫌悪に落ち入ったりしてしまいがちだ。しかし精神疾患を持つ人には、その単純な作業をくり返すことで、心身の安定につながるケースも少なくない。まず企業にはそういった作業を切り出そうとする姿勢がほしいところだ。一歩踏み出すのが億劫で、だれが面倒を見るのか、だれが責任を取るのかなどネガティブな意見が相次ぎ、その結果「先送り」となる企業が多いのだろうか。

長期間働き続けてもらうための工夫も必要だ。昼食の弁当代を一部会社が負担するのもその一つだ。業者が届ける二五種類の弁当を毎日番号順に注文する人もいて、そうした些細なことに喜びを見出す彼らから学ぶことも多いという。今後、安定して勤務ができるようになった社員には名刺を支給する予定だ。仕事上で使うことはほとんどないだろうが、本人の帰属意識を高め、働く意欲を維持できればと考えている。高浪化学では基本的に本人のペースで働いてもらっているので、正社員化は難しいが、毎年希望を確認して契約を更新している。今のところ全員が、今のペースでの就労を希望している。

蛯沢さんは、障害者を雇用するポイントとして「まず慣れる」ことをあげる。これは受け入れる側のことだ。それから「思い込み」をやめる。「例えば障害者には危険な作業はさせられないというが、どこがどう危険なのか理解できる人であれば、人一倍集中力を発揮して慎重にケガなくやることができる。音や臭いがダメだというが、当たり前だが全然気にしない人もいるし、慣れてしまえる人もいる」。それから「急がないことですね」。「あれやってよ」では障害を持つ社員には伝わらないことが多い。丁寧に言葉を選んで話すようになるなど、社員の他者への接し方は確実に変わったという。

## 信じて任せる　おおらかな企業風土

高浪化学の成功は、そのおおらかな企業風土にあると感じた。通常、障害者を受け入れるとなると身構えるものだが、実に自然体だ。同社の場合は、まず仕事があって、その仕事に合った人材を探す発想から障害者を思いついた。そして適任者を見つけるために、障害者が多く働くB型事業所を訪ねた。障害者と一言でいっても当たり前だが一人一人違う。うまくできないことは多いが、こういう合理的配慮があればできるという人もいる。受け入れる企業に、失敗を恐れない社風があると挑戦しやすいが、それには失敗を受け止める寛容な精神がいる。障害者と共に働くには寛容にならざるを得ない。寛容になるには余裕が必要だ。キーパーソンである蛯沢さんにはどこかそんな余裕を感じる。障害者も企業で働くのならばしっかりと戦力にしなければならないとする結果重視の考え方と、弱者救済といった社会貢献を企業の責務だとする考え方とがあるが、蛯沢さんは「弊社はその真ん中」と話す。「障害者を雇用することで学ぶことがたくさんある。ビジネスにプラスになることは多い」という。

行政との連携も大事なポイントだ。蛯沢さんは、「行政の窓口の職員たちも物腰低く、丁寧に対応してくれるので不満はない」という。県の労働局と直接話せる間柄になったので、何か発見があればそのたびに相談しながら自分からアクションを起こせるようになったそうだ。最近も近隣の企業を集め、労働局主催の勉強会を開いたという。「きっかけになってくれれば嬉しい」と語る。

## 親がいなくなってもしっかり生活できるようにがんばる

現場で働く障害を持つ社員の一人に話を聞いた。Hさんは現在四四歳。入社して七年目で、障害を持つ社員の中では一番長く働いている。二級の精神障害者手帳を持つ。ここで働く前はB型事業所に通っていた。手帳の解体や銅線を細かく切るといった作業をしていたが、委託訓練を受けたことがきっかけで採用された。ゲームクリエイターになりたくて、高校を卒業後、専門学校に通ったが中退した。その後働いた会社では一年と三カ月間で「人間関係がきつくて辞めた」。二〇一〇年ごろに統合失調症を発症し、現在も月に一度通院して服薬もしている。

ベルトコンベアーにのせる梱包材料のビニールロールの芯を抜いて分解する仕事を担当する。Hさんは「ベルトに遅れないようにのせるためのコツを覚えるのが大変だった」と話す。「とても気に入っている仕事。前の会社での人間関係の失敗を教訓にして毎日明るくがんばって働いている」と律儀にそう話す。父と弟と三人暮らし。弟にも精神疾患があり、B型事業所に通っている。今後の目標は「今の気持ちを忘れず、ぶれない芯を持ち続ける。八〇歳の父親がいなくなってもしっかり生活していけるようにがんばりたい」と語ってくれた。

高浪化学の取材を振り返って

## 障害者の「働く幸せ」に合わせてコミットする会社

就労支援事業所と連携することも障害者雇用を成功させるうえで大事なポイントの一つだろう。特に人数よりも確実な人材を採用したい中小企業にはB型事業所がお勧めだ。高浪化学では事業所に仕事を発注したことを縁に、人材を発掘した形だ。B型事業所の利用者は、事業所の利用開始時にはまだ企業での就労は難しいと判断された人だが、その後時間をかけて障害や病気と向き合い、折り合いを付けられるようになっていく。毎日通うことで生活リズムを整え、仲間と一緒に作業を行うことで、程よい距離感での人間関係を築くことができるようになる。そうして働くための自信と体力を回復していくのだ。そして職員が毎日寄り添い長い期間を支えていくので、関係者のなかで最も利用者のことをよく知ることとなる。その職員から十分な情報を得ることができるし、仕事と環境が本人と合っていそうかどうか客観的な意見やアドバイスがもらえる。なので、失敗が少ないというわけだ。

そのB型事業所は、昨今の障害者雇用の高まりと、その工賃の低さを問題視する影響を受けて、利用者を確保できずに経営難に陥っているところが多い。利用回数に応じて事業報酬（訓練等給付費）が支払われる仕組みだが、就職で退所者が出ると報酬が減るので積極的になりにくい。そうした対象者は比較的に能力が高い人なので、作業所にとっても貴重な戦力であるのだ。しかし今後も企業で働く障害者は増えていくであろうから、B型事業所はより重度な障害を持つ人たちの利用する場となっていくのだろうか。作業所へ仕事を発注するのも大きな意味を持つが、雇用を優先して、支払う給与に見合わない仕事を自社内にとどめるのと、どちらの選択が正しいのだろうか。B型事業所が利用者を一般企業へ送り出すのに躊躇するのは、報酬が減るからだけではない。障害を持つ人がB型事業所を選ぶのは、そこが安心していられる場所、安心して働ける場所だからだ。利用者には、過去の就職で辛い経験をし、トラウマとなって働けないケースも少なくない。それが原因で二次障害を発症した人もいる。長い期間を共にすごした利用者がまたそんな目にあってほしくないのだ。だからそんな事業所と関係を築くことは、働く障害者自身と、企業をも守ることになる。作業所で働くのと、企業で働くのと、どちらが当人にとって「働く幸せ」になるのか、そんなことを考えさせられる。高浪化学のように「二刀流」の企業が増え、B型事業所で働き続けるという選択肢も尊重されるといいのではないだろうか。

## 障害を持つ社員を「寮生活」で支える会社

### 吉川油脂（栃木県佐野市）　吉川千福 社長

使用済みや賞味期限切れの食用油のリサイクルが主な事業内容だ。飲食店やスーパー・コンビニなどから排出される事業系の廃食用油は九〇％以上リサイクルされているが、家庭で使用された食用油は、凝固剤で固めて可燃ごみとして捨て、焼却処理するのが一般的だ。しかし、循環型社会の構築や二酸化炭素の排出ゼロを目指す脱炭素、温室効果ガスの排出量と吸収量を均衡させるカーボンニュートラルへの取り組みが社会で進むなか、吉川油脂の事業は一段と注目されている。ＮＨＫ番組「クローズアップ現代」でも同社の「家庭系使用済み食用油回収容器（リターナブルボトル）」が取り上げられた。同社は廃食用油の一〇〇％リサイクル体制を構築し、飲食店に「廃油を溜めない利便性」を提供する一方、再生油を使う企業（メーカー等）には高品質規格原料を提供するのをモットーとしている。

障害者雇用にも積極的で理解が深い。すでに四〇年以上前から障害者の「自立」の手助けができるようにと様々な取り組みを手掛けてきた。吉川千福社長自身は子供時分に、障害者と兄弟のように育ったという経験を持つ。障害者施設や特別支援学校などから要請を受け、自社の経営の浮き沈みを何度も経験しながらも、身寄りのない障害者の雇用と支援を続けてきた。障害者と共に社員一人一人が安心して前向きに働ける環境を築くことで、より質の高い製品を提供し、社会から必要とされる会社になるという発想だ。二〇二一年度になって厚生労働省が障害者雇用に積極的な中小企業を表彰する「もにす認定」を受けている。

## 緑に囲まれたガラス張りの本社

栃木県佐野市、自然が豊かな足尾山系飛駒山のふもとに位置する本社は、コンクリート打ちっぱなしの外壁に大きなガラス窓が印象的な、まるでデザイナーズ建築のようなお洒落な外観を持つ。三〇年前に設けた建物を二〇一九年に増改装した。周囲はもともとあった杉林をナッツバキやカツラなどの落葉樹の林にしており、とても気持ちのいい空間だ。この建物には創業社長の吉川勲氏とその息子の千福社長の深い思いが込められている。

創業は一九七五年（昭和五〇年）で五〇年近くが経過した。会社設立は一九九〇年。従業員数は二〇二三年四月時点のグループ全体で一五三人、本社では障害を持つ社員を含め約九〇人が勤務している。そのうち廃食用油を回収するドライバーが八〇人弱とほぼ半数を占める。同社が回収するエリアは関東一円と福島県、新潟県、長野県、山梨県。そのほかグループ会社や協力会社二〇数社が、北海道から九州・沖縄までの全国で事業を展開している。

創業者の吉川勲氏は最初、この地域で排出される廃食用油の回収事業を手掛け、家族は工場兼用の掘っ建て小屋のような家で生活を始めたという。現在は広大な敷地内に本社事務所と工場の他、障害を持つ社員向けの寮がある。現在の建物になる前は粗末なプレハブで、その前は千福社長らの子供部屋が彼らの部屋でもあったという。障害者施設などを手掛ける建築家の野田俊太郎氏が設計した現在の建物は、六八歳で引退をした勲氏の「自分のやるべき責任を全うしたい。自分自身の最後の責任としてこの生活寮を改装したい」との思いを千福社長が引き継いで実現させた。

寮で生活する障害を持つ社員の親、特に母親について勲氏は、「子供に対する罪の意識みたいものが強く残るようだ。障害を持つ子供がいじめを受けることがないように外に出さなくなる傾向があるように思う」という。他方、両親から育児放棄されるなど、一般的な子供と比べて行動や考え方に極端な偏りや癖があったりする人もいる。

そのうえで勲氏は「預かった子供たちを自分の子供と思って外に出る経験をさせたい。自立させるということは、世の荒波にも耐えられる子に育てるということだ」と、周囲の無遠慮な偏見に満ちた目に晒されながらも、一緒に買い物や外食に連れて行ったりもした。寮を高床にして大きな窓から外の景色がよく見えるようにしたのもそんな思いからだ。

三人兄弟の次男だった千福社長は「学校の先生になりたい」と思っていた。そこでまず通信制大学に行ってから、その後、他の大学に編入して教員免許を取る計画だった。入学して二カ月経つか経たないかのうちに油脂相場が悪化し、会社が廃業の危機に追い込まれた。「兄が既に入社していたが、会社の非常事態ということで、古参の社員からの要請もあり、私も戻らざるを得なくなった」という。学費の面からも大学は諦めるしかなかった。

## 食用油の回収で、マイナスイメージを払拭する

千福社長は入社した頃から、「労務改善しないと、この業界自体がなくなる」とずっと考えていたという。「油屋」といえば、どうしても「汚い、臭い、閉鎖的」といったネガティブなイメージを持つ人が多かった。「こんな状態で社員はやる気が出せるのか、やりがいを感じられるのか」と疑問に思い、父の先代社長と何度もぶつかりながら、「業界で一番きれいで、たくさんの人が訪れてくれるような会社にしよう」との目標を立てた。それにはまず事業の中身だと、廃食用油の回収を「産業廃棄物の処理」というネガティブなイメージから「資源のリサイクル」というエコでクリーンなイメージへと変換させた。

現在はセブン&アイ・ホールディングスと連携して、家庭系使用済み食用油のリサイクルを始めている。日本は急激な少子高齢化に伴って、油の消費量は右肩下がりだ。しかし二〇五〇年目標のカーボンニュートラルへの対応では立ち遅れている。事業系廃食用油はすでに九〇%以上リサイクルが完了しているが、家庭で発生する使用済み食用油のリサイクル率はまだ一〇～一五%程度にとどまり、そのほとんどが可燃ごみとして焼却処分されている。方々にアンケートを送るなどして尋ねてみると、「リサイクルされていること自体を知らない」とか「集める環境がない」という答えが多かった。環境省を通じて各地方自治体では家庭系使用済み食用油の回収を実施しており、八割程度が市役所などの窓口に回収ボックスを置くなどしている。しかし多くの人はその存在すら知らないし、「市役所に用事でもない限りわざわざ持って行くのは面倒」と答えていた。それならば、多くの人の生活線上にあるスーパーやコンビニの店頭で回収できればと、セブン&アイ・ホールディングスや大手スーパーチェーンに提案し協力を依頼した。その進化版が、セブン&アイ・ホールディングスとエネオス、野村事務所などと共同で取り組む専用リターナブルボトルによる家庭系使用済み食用油の回収リサイクル事業だ。回収された使用済み食用油は、バイオ燃料やインク溶剤などの原料として再利用されるほか、将来的には、SAF(持続可能な航空燃料)の原料とすることを目指すという。

## 障害者雇用という名の自立支援

障害者雇用のきっかけは、先代社長の中学時代の恩師で、足利市の「こころみ学園」を運営する社会福祉法人「こころみる会」を立ち上げた川田昇先生との縁にあった。「商売しているんだったら障害者を働かせてほしい」との恩師の頼みを受け、「父はその日に二人連れて帰ってきた」。千福社長は「学校から帰ると知らない人が二人いて、六畳一間に五人で寝る羽目になった」忘れられない記憶という。その後、半年以内にさらに二人、翌年にまた三人とどんどん障害者が増えていった。

さらに、中学校で特別支援学級を担当していた先生から、「ここにいる子のなかには特別な事情を抱えた子が多い。卒業してから施設に入れるのは親がしっかりしていて、行政ともやり取りができる場合だけ。そうでない子は社会に押し出されてしまうが、受け入れてくれる人も場所もない」と頼まれることも。そうして一時は四〇人以上に膨らんだ。

彼らの担当する仕事は、回収してきた油を分別し機械に投入する作業などだ。仕事が落ち着いてできるようになるまでは強要せず、休みたいときは休ませ、じっくり待って話を聞くという姿勢でやってきた。そうして家族の一員のように接してきたが、彼らが起こしたトラブルへの謝罪などの対応は数えきれないという。外出先で突然行方不明になってしまったり、あるときは取引先のスーパーで万引きをして、取引が停止になったりする。そのような場合、千福社長が謝罪して収まることがほとんどだが、警察のお世話になることもある。その場はそれで収まっても同じことを繰り返したり、半グレ等の不良にからまれたりすることも。それに彼らを狙うのが身内の場合だってある。行方知れずだった親が乗り込んできて、子供の給料を渡せといってきたり、本人の意思に反して連れ戻されたりした子もいた。

そんなことがありながらも千福社長は、福祉制度などを学びつつ、障害を持つ社員と雇用契約を結び、最低賃金以上の給料を支払い、一人一人が、障害者年金を合わせて将来のお金まで残せるようにした。あらぬ疑いをかけられるリスクを避けるために、福祉や法律の専門家とも相談をして、別会社を設立し、寮の管理と食事の提供など、生活面の支援ができるようにした。

## 「福祉法人の資格が欲しいんじゃない！」

それでもある親御さんからは、「我々も歳をとっていくし、おたくがいつまで面倒をみてくれるのかわからないから、施設をつくって」と声があがり、社会福祉法人の設立を検討したこともあった。相談をした栃木県の職員は「あなたの実績はよく知っている」と前置きをしたうえで、「ただ、県南に大きな施設が集中しているので、施設のない県北に誘致するなら協力しましょう」といったという。これには先代社長が怒り出し、「福祉法人の資格が欲しいんじゃない！　預かった子と親への責任を果たしたいだけだ。県北になんかに置いたらあの子たちはどうやって通うんだ」と、福祉施設のアイデアは立ち消えとなった。親御さん方には「吉川油脂が一生面倒を見るという誤解を与えていたらお詫びする」と社会福祉法人は諦めたことを報告し、「定年の六〇歳までの雇用は約束します。希望者は六五歳まで延長することもできます。でもそれ以上はできないので、その間に施設を見つける努力をしてください」と頭を下げた。と同時に会社は彼らを雇用し続けるために潰れるようなことがあってはならない、と千福社長は固く自らに誓うことになる。

## 社員寮というより「合宿所」

企業などで働く障害者は、自宅以外にグループホームを利用することが多い。そうすると働く場所と生活する場所を分けることができ、社会参加する機会が増える。一方、社会福祉法人などが運営する障害者施設に入所すると、日中の活動も施設の職員と施設のなかでが中心となる。障害のあるなしに関わらず、誰でも企業などで働くには生活の拠点が必要だ。日本では一昔前は住み込みの従業員がいた。しかしそうした従業員のなかに障害者は皆無だった。障害者が企業で働くなどということは考えられなかった時代だ。現在では、障害があっても働ける場所も多くなってきてはいる。だが、障害者が自ら住まいを探し、生活の拠点を用意するのは簡単なことではない。千福社長は「私たちがやってきたことは特殊だ」という。「父だけでなく母も自分の時間のほとんどをここの障害者のために捧げた。あの両親だったからやってこれたのであって、他の人に同じことを求めることはできない」と話す。「母は一時四〇人に増えたときにからだを壊した。今は妻にも協力してもらっているが、二〇人に減らすことが彼女との結婚の際の約束だった」と千福社長はしみじみと振り返る。

現在のメンバーではトラブルはほとんどなくなってきた。大きい問題が起きない範囲のなかではできるだけ自由にするのが方針だ。小競り合いがあった場合は、「やめろ」ではなく、「なんで喧嘩になったのか」と双方の言い分を複数人でとことん聞く。週末には、皆をデパートへ買い物や食事に連れて行く。しかし、喧嘩などしたら仲間に迷惑をかけないことを覚えさせるために行かない判断もする。このように、目標を持たせるようにする。皆が成長をした分、自由な時間を作れるようにしていった。卓球台を置き、カラオケルームをつくった。ネット通販で買い物ができるようにしたり、会員制の卸売りスーパーを利用できるようにもした。大量の食材をみんなで買い出しに行くこともある。こういった成長を見ながら、千福社長は「みんなが結果的に磨かれてきた。我々はあくまでも後方支援者みたいなもの。父と母が積み重ねてきたものがこうやって花を咲かせている感じがする」と話す。成長が顕著な社員については独り立ちが実現できるように支えていくつもりだ。まず寮を出て一人暮らしができるようになろうと自らが計画を立て、埼玉の工場へ転勤し、アパート暮らしを始めている社員もいる。

千福社長は悩んでいる自分に父がかけてくれた言葉のなかで、「人は勇気を出し社会の渦の中に身を投じることで、心の中にある閉ざされた気持ちが徐々に磨かれる。障害者も一〇年で荒々しかったものが磨かれ艶やかになっていく。集団の中で仕事をすることを通じて、障害者も成長していく」と「お前ががんばることで一人の喜びが何十人もの喜びに変わるんだ」という言葉を強烈な印象で覚えている。

## 家族経営からの脱却が課題？

千福社長は、「自分に何があってもこれを持続できるようにするのが今の私の課題」と語る。総務部・部長の元ITエンジニアの村井茂さんは、主に社内的な指揮をとる。「社員はみな社長の思いを共有しているから大丈夫」と話す。新たに社員を採用するときは、面接の際に「当社には多くの障害者の方が勤めている。障害者と一緒に働くことができない方はどんなに優秀であっても採用しない」と伝えており、全社員がそれを理解したうえで入社している。

千福社長は企業存続のカギとして「経済×環境×FUN」をあげる。働きやすく、居心地のいい環境をつくり、障害者雇用を含めた取り組みを発信して知ってもらい、必要とされ、愛される会社でいられるようにと、得意でない取材にも応じるようになった。

千福社長は「これまで企業価値など考える余裕がなかった」としたうえで、「社員みんなが社会への使命感を持ち、日々の仕事を通して、自信と誇りを持てるような会社にしたい」という。

そして今度は、油仕事がきつくなった社員や障害を持つ社員が六〇歳定年後も働けるようにと、ミニトマトのハウス栽培事業にも取り組み始めた。ミニトマト栽培を行う子会社「株式会社 Green Sustainable Agriculture」の社長には吉川油脂の女性社員を抜擢した。廃食用油をリサイクルした燃料を暖房用ボイラーに使用することで二酸化炭素排出量ゼロを実現したミニトマト栽培を行う。これからは販路の開拓に忙しくなりそうとのことだ。

千福社長は前を見て力強く歩み続けている。

吉川油脂の取材を振り返って

## 障害者との共生　農村地域からの挑戦

吉川油脂のやっていることは特別だ。千福社長が「特殊だ」というように、他が真似ることは難しいだろうし、真似るべきでもない。会社の休日には社長自らが障害を持つ社員の食事の用意をする。一日中彼らと共にすごす。煮詰まったりしないのだろうか。「気分転換になる」とそれが千福社長の休日のすごし方だ。福祉施設の職員の心構えの一つに、利用者と「近づきすぎない」といわれるが、それは職員の「燃え尽き症候群」を防ぐためでもあり、利用者への過干渉から虐待などの不適切行為に及ぶのを防ぐためでもある。福祉職員の場合は支援をすることこそが仕事であるから、長く続けるためにはビジネスライクに考えて行動することも大事だったりする。吉川油脂の場合は、障害者は社員だ。ともに会社のために働く仲間だ。その社員のために住む場所を用意し、食事の提供もする。そこまでは多くの企業でもやっている。そして社員のプライベートには立ち入らないのが原則だ。だが、それが障害者だと、誰かしらの何らかのサポートがいる。ヘルパーさんを利用する人も多いが、個人単位での契約になるので、団体生活者には向かないかもしれない。

グループホームにするということも考えたそうだが、結局そうはしなかった。指定事業者の要件を満たして登録をしなければならないし、一人一人とサービス利用の契約を結び、毎月利用状況の報告と給付金の請求もしなければならない。障害者との「共生社会」を目指すといって、施設から地域へ生活拠点を移そうということが勧められ、グループホームのニーズは高い。けれどもそれが「終の棲家」でいいのかという議論もあって、アパートなどでの独立に向けた「通過型」の登場や、世話人の確保ができないなどの理由で突然閉鎖され、行き場をなくしてしまうなど、安心して自由に生活を楽しめる場所にはなり得ていないようだ。さらにそれは単身者を想定して作られた制度であるから、原則結婚したら利用できない。利用者に子供ができたら面倒を見られないので去勢手術をさせるなどといった人権侵害を平然と掲げる事業者まで現れる始末で、障害者を取り巻く問題はあらためて根が深いと考えさせられる。

吉川油脂の取り組みには賛否両論あろうけれど、胸を張って意見できる者などいないのではないか。特に社会資源の少ない地方においては、企業活動と地域の活性化を考えるうえでも大いに参考にすべきではないか。

## 「変わらないのは彼らと一緒にやっていくということ」知的障害者と共に進化する会社

### 日本理化学工業（神奈川県川崎市）　大山隆久社長

日本理化学工業は学校などの黒板で使われるチョークの製造と販売が主な事業で、国内チョーク市場ではシェア七〇％を超えるトップメーカーだ。創業は一九三七年（昭和一二年）。八〇年以上前に開発した「ダストレスチョーク」は粉の飛散が少なく、全国の各種学校で広く使われるロングセラー商品。チョークの主原料は炭酸カルシウムで歯磨き粉などにも使われている身体にやさしい素材だ。二〇〇五年以降はホタテ貝殻を微粉末にして配合し、再生活用するなど環境

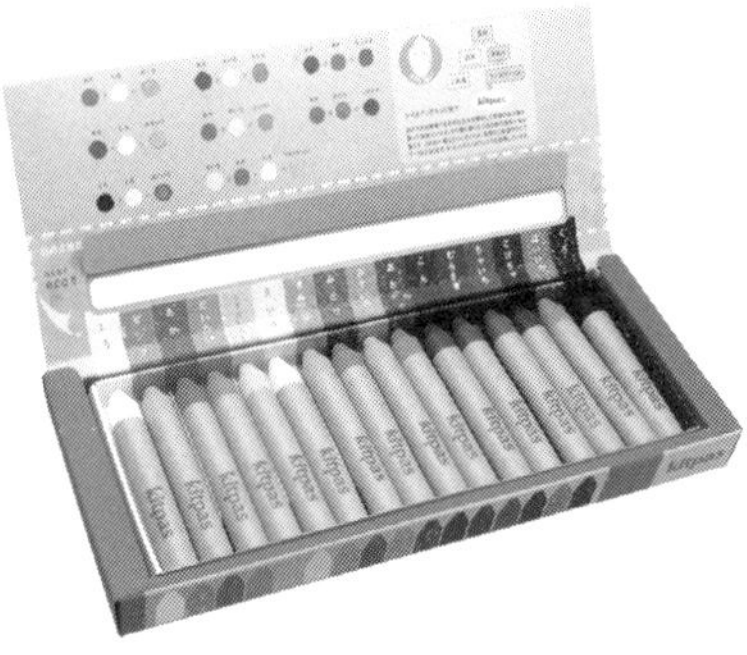

アーティストからも人気の高いキットパス

配慮も進めている。国産の米ぬかに含まれるワックス成分を使った「Ｋｉｔｐａｓ（キットパス）」は窓ガラスなど表面がつるつるした場所にも描けるうえ、簡単に消せることから小さな子供を持つ家庭で好評だ。

チョークは障害を持つ社員を中心に製造される。従業員数（二〇二三年二月現在）は九四人。そのうち六六人が知的障害者で、その約四〇％が重度障害認定という。障害者雇用は一九六〇年（昭和三五年）に始めた。きっかけは、当時工場があった東京・大田区に隣接する世田谷区の養護学校の先生から、生徒に会社で働く経験をさせてほしいと頼まれたことだという。経験だけならとその先生の熱意に押され、引き受けた。その結果、二人の女子生徒と二週間を共に働いた社員たちから、「二人をぜひ採用してほしい、私たちがフォローするから」と懇願され、その社員らの志と二人の仕事ぶりに感動を覚えた先代の大山泰弘社長が採用を決めたのだという。その後、一人は六五歳まで、もう一人は六八歳まで勤めあげた。

現四代目社長の大山隆久氏は「みなしっかり仕事をして勤め続けてくれる。現場を支える貴重な原動力になっている」と話す。現在最も長い社員が勤続四二年。二十年以上が三二人と、みな長い。よほど働きやすい会社なのだろう。

現在も年に一～二人を採用している。近隣の特別支援学校からの希望者に、二学年目に一度、三学年目に二度と、都合三度、二週間の実習に参加してもらう。学校から提供される情報やアセスメント評価は一通り聞くが、鵜呑みにせず、実習を通じて人となりを観察する。最後の実習時には互いに慣れているので、あとは本人がここで働きたいと思うかどうか、自分が卒業後に働く場所だと理解できているかを確認して判断するため、ミスマッチは少ないという。

## 「四つの約束」で、知的障害を持つ社員を一人前の社会人に

採用の際の「四つの約束」がある。

一つ目は、「身の回りの自分のことは自分でできる」ということ。二つ目は、いわれたことが分かったか、分からないかを「簡単でも意思表示ができる」ことだ。大山社長は「一番やってはいけないのは分かったふりをすること。モノづくりの現場では不良品の発生や従業員のケガにもなりかねない。分からないことは恥ずかしいことではない、分からないことを伝えられないのがダメだ」と話す。彼らはすぐに「分かった！」と答えるが、

それを鵜呑みにしてはいけない。その後の行動を見て、分かったのを確認することまでがワンセットになるという。三つ目は、高額ではないが給料をもらって生活する社会人として「一生懸命働く」こと。そして、四つ目には周りの「人に迷惑をかけない」ことをあげた。「一人で仕事をするのが会社ではない。皆で協力しながら一つの目的を果たそうとする場所だ。顧客に品質を約束し、良い商品を作り続けなければならない。だからこそモノづくりは約束があって、やり方が決まっている。それを面倒くさいから、やりたくないからといって自分勝手に変えるのはダメだ」と。さらに、「イライラするからといって周りの人や物に当たるのはもってのほか。前には家に帰すこともあった」という。

要はやっていいことと、やっていけないことを理解すること。会社は仕事をする場所であるということをわきまえないといけない。もちろん最初から全部できる人は少ない。できるようになるのに時間がかかる場合もある。まず四つの約束を理解して守ろうとする人かどうかを見極めているという。そして採用したら、少しずつ成長しているのだと思って気長にやるのがコツだそうだ。

会社としては採用した以上は障害者であっても、一人前に活躍できるように後押しする。障害を持つ社員との約束事はそのためにある。商品を世に出していくうえで、「障害者を雇っているからこれくらいでいいでしょ」は通用しないからだ。

## ジョブコーチは置かず全員で関わり、成長を喜ぶ

日本理化学工業には専任のジョブコーチはいない。福祉系の大学で勉強してきた社員もいないという。あくまで自然体で受け入れている。神奈川県川崎市の工場ではすべてのラインが障害を持つ社員だけで構成されている。それぞれに班長はいるが、皆だれに指示されるでもなく、手慣れた様子で作業を進めていく。新人に指導をするのも障害を持つ社員だ。その他にも6S（整理・整頓・清潔・清掃・習慣・安全）委員や、朝礼の司会など、半数近い人が何かしらの「役職」を持っている。

健常者の新入社員はまず一カ月かけて全ての現場を回り、どういう人がどんな役割を持っているか、どうやって製品が作られているかを知る。6S活動や昼休みなどを共にし、会話が成り立ちにくい人にも話しかけて、全員の顔と名前を覚えていく。

商品企画部で広報を担当する雫緑さんは「書籍を読んで得た知識が役立つことはたくさんあるけれど、分かっていないと対応できないということはないです。この方はこういう

障害だとか、重度だ、軽度だからこう接しなくてはいけないということを社員全員に伝えていませんし、それぞれが特性や性格を考えて声かけをしたり、伝わりやすい話し方を意識しながらしている」という。

大山社長は今後の健常者の社員の採用にあたって、「福祉施設で障害者の支援経験がある人よりも、従業員にちゃんと伝えることができて、お手本を示せる人が望ましい。さらに、仲間と触れ合い、彼らを応援して、その人たちが成長していく姿に関わっていることを喜べる人であってほしい」という。

## 伝わらない原因は自分にある　同じ目線で相手を理解

これだけ長く障害者雇用を続けてこられたこと、そしてその障害者が活躍していることについて大山社長は「特別なことをやっているわけではない」という。「一人一人が一生懸命働くことのできる環境と、生産効率と品質を高めるという当たり前のことを企業としてやってきただけです」と謙虚だ。「相手の理解力に合わせて段取りをする、教えるといっても、当たり前のことだが、その人に分かるようにどう伝えるべきなのか向き合っていくしかない。伝わらないのは教えた側に原因があるのであって、伝わるようにさらに努力するということだ」。障害者だというと、何かができない人とか、苦手なことばかり見てレッテルを貼ることが多い。最初の頃は教えてもなかなか伝わらず、お互いに疲弊する。「なんでこんなに苦労しなくちゃいけないのか」と思った時期もあったそうだ。しかし、現場で一緒に働いて現場を知るほど、簡単そうに見えるがこんなに大変な作業だったのかと思い知り、この人はこれほどの集中力と持続力と技術で現場を支えてくれているのかということを理解すれば、見方が変わるという。

さらに大山社長は、「その人がいてくれるからこそ、こういうことが成り立っていると互いの立場を理解しないと、会社としては機能しなくなる。自分はこの役割だからここにいて、この人はこういう役割だからここにいると、同じ目線にならないと続かない。障害者とも同じ」「これは使命として背負ってきたもの。やっていくしかない。それが僕らの道」といい切った。

## いつのまにか時代の先端に　エシカル・SDGs

とはいえ障害者を多く雇っていることと商品が売れることは別だ。ITの普及などで学校での需要が減りつつあるなか、アートチョークと名付けられた色とりどりのチョークはアーティストたちに好まれている。もう一つの看板商品キットパスは、「キットパスを使って自宅の窓に虹を描こう」というキャンペーンをSNSで発信すると、ロックダウン中の欧米からたくさんの注文が来た。アイデアもさることながら、パッケージデザインも可愛らしくお洒落だ。安全性や環境への配慮なども評価され、NPO法人キッズデザイン協議会からも表彰されている。

話題を呼んだキャンペーン

大山社長は、「障害者雇用を始めた頃はエシカル（倫理的）消費もSDGs（持続可能な開発目標）もなかった。わが社は六〇年前から特に意識せずにやってきたが、そのように評価してもらえるのはありがたい。常にモノづくりに対する誇りがあったし、障害者への偏見や誤解から品質を疑われるのは絶対に嫌だった」と話す。

雫さんも「障害者を雇用しているから買ってくださいというつもりはまったくない。商品に関するストーリーを知りたいという消費者が調べてみると、すべて国内で生産し、身体にやさしい自然素材で、一本ずつ手作業で作っている。障害のある人たちをたくさん雇用していることが伝わり、『よし買おう』となってくれれば嬉しい」と語る。

## 本当に伝えたいのは彼らの人柄

二〇〇八年に書籍「日本でいちばん大切にしたい会社」で紹介されてから、メディアに露出する機会が増え、社内見学や講演依頼などの要望が今でもひっきりなしに来るという。

大山社長は、「自分たちがやってきたことは伝えるが、僕に教えられることは何もない。どんな人が来ようと、同じスタンスで同じことを一生懸命いい続けるだけだ。それが来訪者の何かしらの気づきになってくれれば嬉しい」という。雫さんは「全国から子供を就職させたいという保護者さんからのご連絡が多くきます。あの人たちの住む地域にも、障害者が当たり前に就職ができて、自分の応援する野球チームの試合を見に行けるだけの給料をもらえるような会社が全国に広がってほしい」と願っている。だから社長の時間が許す限り取材や見学をお受けしているという。

大山社長は一番言いたいことは、「仕事ができる、できないは大事ではあるが、彼らには本当に人間力があるというか、相手のことを深く考えるやさしさがある」ことだと話す。お昼休みに買い物を頼むと、消費期限の近いものから買ってくるとか、残っているから買わなくていいのに二個買うとか、「涙が出るほどやさしくて純粋。とても素直で囚われの少ない人たちなので、周囲の人が感化され、豊かになれる。僕自身も人を見る目が変わったと思う」と。「一緒にいると、その人の良さや魅力が伝わってきて、愛おしくなる。仕事が大変なときに、ほっこりした空気をもらえる貴重な人たち」とも。

障害者雇用に負担感をものすごく感じて一歩踏み出せない企業へ、雫さんは、「最初にどうやって教えようか、できることを探さなくてはということから始めると、そこでブレーキがかかってしまうんじゃないでしょうか。しかし、一つのことを集中してできる仕事が向いている人はいるし、周りが見える人にはそういう役割が向いている。新しいことに絶えず挑戦できる人もいれば、一つの仕事をずっと何年もやるのが好きな人がいる。肩肘張らず、しっかりとコミュニケーションを取って、きちんと向き合えば、適切な作業や仕事は見つけられるはず」とエールを送る。

## 踏ん張れるかどうかは本人の気持ち次第

大山社長はこうもいう。障害者を一人、二〇歳～六〇歳まで四〇年間施設で面倒を見たとすると一億五～六千万円かかるといわれていて、年間四〇〇万円が国費から出ている。会社が雇用すれば国の財政支出を半減できると。

日本理化学工業の障害を持つ社員は全員実家やグループホームから電車や自転車で通ってくる。食堂には、顔写真と共に本人の字で「休まず元気に仕事にくる」などという「年間個人目標」の紙が貼られている。毎月MVP社員を表彰したり、レクレーションや社員旅行の話で盛り上がったりするそうだ。それは、かつて私が慣れ親しんだ作業所の風景そのものではないか。では作業所を利用する人とここで働く人たちの違いは何だろうかと考えると、やはり本人の気持ち次第かなと思う。作業所では具合の悪い人が寝ていたり、わがままをいって職員を困らせたりする人がいる。本人の持つ障害ゆえにそうなってしまうのだが、そちらへ流されてしまいやすい。作業所の利用者が仕事をさぼって、別の作業所の友達と遊びに行ってしまったのを叱ると、「障害者は品行方正でないといけないのか！」と反対にお叱りを受けたことを思い出した。踏ん張れるかどうかは本人次第、紙一重なのだ。

工場のある北海道の美唄市の特産品を売る『コンテナショップ』を、多摩川が近くを流れる川崎工場内で始めた。近所の人たちがそれを知ってやって来るようになったが、この会社のことを知っていた人はそれほど多くないという。いっそ、一般向けの「工場見学」を企画してはどうだろうか。この会社のホームページを見てほしい。見どころ満載だ。障害を持つ社員が働くための治具やさまざまな工夫などは誰が見ても面白い。いろいろなヒントがこの会社にはある。

日本理化学工業の取材を振り返って

## 企業の使命は「四つの幸せ」を与えること

大山社長の障害を持つ社員に対する深い愛情と敬意を強く感じた。障害を持つ社員が皆作業着の前を汚しながら真剣に作業をしている姿に感動すら覚えた。健常者の社員の皆さんも、そんな会社と仕事に自信と誇りを持って取り組んでいる印象だった。

また先代の社長は、健常者・障害者に関わらず、誰もが必要とされ、役に立って働ける社会を「皆働社会《かいどう》」と呼んで、その実現を目指していたという。働くことはお金を稼ぐだけでなく、自分を磨いて人として成長し、社会で役立つ幸せを感じられる場所であるべきだとの考えだ。

しかし福祉サービスの現場では、未だに就職へネガティブなイメージを持つ人が多い。企業に送り出して失敗体験をさせたくないという少しゆがんだ「親心」がそうさせるのだろうか。しかし、日本理化学工業のような会社が増えれば社会は変わるはずだ。大山社長は、障害者の「働く」は企業に任せ、福祉は「生活面」に集中してほしいともいう。これまでは就労支援（作業所）の役割と考えられていたものを企業が担うことで、作業所のフェードアウト、そしてそのリソースをより重度の人に向けていくという発想で、大山社長がいうと説得力がある。

そこであらためて企業が障害者を戦力として雇用するには何が必要なのだろう。予測困難な時代にどう対応していけばよいのか。ＡＩが近い将来、多くの仕事を人間から奪うことになるかもしれないという。日本では人口が減り続けている。労働力を外国人で賄おうとする勢いが加速している。

大山社長は、ある禅僧の話をあげる。「究極の幸せは四つです。一つ目は『人に愛されること』、二つ目は『人に褒められること』、三つ目は『人の役に立つこと』、四つ目は『人に必要とされること』です。愛はともかく、あとの三つは仕事で得られることですよ」

「企業は人間みんなが求める究極の幸せを与える場だったのです。企業の大きな使命を教えてもらいました」という。先代社長は「私はその愛までも得られると思う」と語ったそうだ。

「障害を持つ人たちは、人間らしく生きるとはどういうことかに気づかせてくれる。その人たちと一緒に未来を創っていくという前提で環境を整え、次の時代にバトンタッチするのが僕の役割。自負を持ってやっていく」と大山社長は胸を張った。

創業一〇〇年まであと少し。一消費者として心から応援したくなる会社だ。

## 経営理念は「愛ある経営」カリスマ女性社長の挑戦

### ワイズ・インフィニティ（東京都港区）山下奈々子・小林雅人社長

翻訳を専門に行う会社だ。海外の映画やドラマなどの映像に日本語の字幕をつけるなど、世界五〇以上の国と地域の言語に対応する。コロナ禍で、ネットフリックスなどの動画の配信需要が急激に増え、翻訳業務も急増したという。翻訳者の養成講座を開設しており、卒業生には業務の発注もしている。現在そうしたフリーランスの翻訳者の登録数は約七〇〇人にのぼる。副業が推奨され始めたこともあり、希望者は後を絶たないそうだ。

現在社員は二四人。港区赤坂のオフィスの入り口は、手掛けた映画のポスターやパンフレットなどで華やかだ。社員の中には子育てや介護の最中という人も少なくない。仕事と両立できる環境を目指し、東京都のチャイルドプランサポート制度や育児・介護からのジョブリターン制度にも登録している。また利益の一部を社会に還元することを経営方針にあげ、発展途上国のセネガルやカンボジアの小学校の設立にかかわったり、国内の外国をルーツに持つ学生たちの就労支援などにも携わったりしている。グループ会社のワイズ・インフィニティ・エイトでは、障害者のグループホームと、小中学生のための放課後デイサービスを運営している。そうした取り組みが評価され、二〇二二年に、日本でいちばん大切にしたい会社大賞の審査委員会特別賞を受賞した。

## 障害者が働きやすい職場はみんなが働きやすい

雇用している障害者は一人だが、業界では他に例を見ない。二〇二二年に障害者雇用優良中小事業主として「もにす認定」を受けた。障害者のみならず社員に多様で柔軟な働き方を提供していることが評価された。

山下奈々子社長は障害者雇用を特別に考えているわけではない。いろいろなバックグラウンドのある人たちに働く場を提供したいと考えるなかで、障害者も当然そこに含まれている。比較的制度が豊富に整っているのでそれらを積極的に活用し、その経験を今後のビジネス展開に活かしたいとの考えだ。東京都しごと財団の委託訓練事業所に登録し、希望者へビジネスマナーなどの基本的な職業訓練を行うのもそうした狙いからだ。

山下社長が懇意にしていた社会福祉法人が運営する就労移行支援事業所から、現在雇用しているAさんを紹介されたのは八年前だ。副社長でAさんの直接の上司に当たる岸靖雄さんは、「社長に特段の知識があったわけではない。『障害があるようだから仕事量に気をつけてくれればいい。それ以外は普段通りに接して』といわれた」と当時のことを振り返っていう。翻訳者養成コースの仕事をAさんに手伝ってもらうことにしたが、採用して二週間後の朝、出社したAさんが突然、「ご迷惑をおかけしますので辞めさせていただきます」といい、帰ってしまった。面食らった岸さんは就労移行支援事業所の担当者に連絡し、本人から理由を聞いてもらうと、「岸さんにご迷惑をかけてしまい申し訳ないから」と答えたという。「仕事量に気をつけて」と社長はいうけれど、障害者と接した経験がない岸さんには、どう気をつければよいか見当がつかなかった。早く仕事を覚えてほしかったこともあって、他のアルバイト社員と同じように普段通りに接していたのだが、Aさんは自分の仕事のペースが遅く、岸さんの期待に応えられないと勝手に思い込んだという。岸さんはそれを聞いて、「Aさんがいてくれないと困る。我が社にとって必要な人です」と伝え、事なきを得た。

Aさんは二級の精神障害者手帳を持つ。現在は安定しているが、几帳面で過集中になってしまう傾向がある。週五日、勤務時間は正社員より二時間短い実質六時間。最初はフルタイムだったが、数年前に体調を崩してから今の勤務にした。業務委託先であるフリーランス翻訳者の情報管理が主な業務で、登録希望者とのメールのやり取りなども含まれる。最近では、オフィス全般の備品を発注するとか、蛍光灯を取り換えるなど、総務的な仕事も自発的にやるようにもなった。ただ、電話だけは苦手で自分から取ることはない。そんなAさんはオフィスでは山下社長の机のすぐ前の席にいて、「役所に行って書類を取って来て」などと社長が気軽に頼むので、Aさんの障害のことは普段みな忘れているか気にもしていない。

## 異文化に関心を持ち、違いを受け入れる力

それでも岸さんは就労移行支援事業所の担当者からアドバイスをもらうなどしてAさんが働き続けられるように配慮を欠かさないでいた。急ぎの仕事を極力やらせない。一度に二つ以上のことを伝えない、などだ。毎月最低一度は面談をして、Aさんが何でも安心し

て話ができる環境を作ってきた。「八年間働き続けられたのは、会社を信頼してくれ、働きがいを感じ、居心地が良いからではないかと勝手に思っている」と話す。

月に一度の社内勉強会では、社員自らがテーマを決めて話をする。Aさんは自分の障害について語り、「つらそうなときは声をかけないで」とか、「記憶力はいいが、アドリブが苦手」とか、「新しいことに慣れるのに時間がかかる」など、自分と同じような精神障害者の特徴について話した。また、「お客さまは私が障害者だと知らないし、普通の正社員だと思って接してくる。だから、ちゃんとやらないと会社の名前に傷がつく。そうならないように自覚をもって取り組むのが大変」というと、皆がやさしい笑顔を向けてくれたと話す。

岸さんによると、「社内には外国語に精通した社員がたくさんいるが、皆総じて人柄が良くてやさしい」という。「異文化を知ろうとする気持ちを持っているから、人を許容する力があるのかもしれない」と。

## 「愛ある経営」「七つのＩ（愛）」

ワイズ・インフィニティは行動指針として七つのＩ（愛）を掲げている。それは、「想像力」「情報を提供」「心に残る」「個性」「自立した」「関わって」「影響力」を表す英語の頭文字のＩだ。「愛ある経営」を企業理念として掲げ、社員とは週に一度、朝礼で唱和するなどして共有している。

人手不足といわれるなか、会社説明会には毎回五〇～六〇人がエントリーし、二〇人くらいが参加する。翻訳に興味を持つ人が増え続けるのと、この企業理念に好感を持つ人が増えているようだと岸さんはいう。

日本では「愛」を口にするのは憚られる風潮がある。「愛が分からない」といった人もいた。「『縁』なら分かるが」と。やはりどこか「愛」は家族や土地といったものと結びつかないとイメージしにくいようだ。

タブーとはいわないまでも、「愛」同様に語られることの少ないのが「障害」だ。失業や離婚、犯罪までがその背景に障害がある場合があるといわれているのに、まだどこか他人事のようだ。障害者をずっと遠ざけてきたからだろうか。日本では障害者を「分けて」「集めて」面倒を見るといった風潮が相変わらず続いている。「共生」が謳われて施設から地域への流れが続くように見えたが、また近頃では施設を望む人が増えているのだとか。これはいったい何を意味しているのだろう。

「宗教」もそうだ。今の日本ではカルトの文脈で語られてしまうことが多い。日本人の多くは無宗教を自認している。だが日本人の生活は宗教とは切り離せない。そのくせ宗教を語ることは慎むべきとされている。今ではだれも子供を叱るのに「おてんとうさまが見ているぞ！」という人はいないし、不義理な行いを「ばちが当たる！」と窘める人もいない。それでもパワースポットと呼ばれる場所に人が集まるのを見ると、日本人に信仰心がないわけではないのが分かる。普段の生活が信仰に根差していないということだろうか。

山下社長は女性でクリスチャンだ。そして堂々としている。今、そんな人の率いる会社に惹かれる人は多い。

## 採用基準は、経営理念に共感できるかどうか

Aさんは最近では「任された仕事ができるようになったので、自信がついた。負けず嫌いな性格なので、勉強して資格を取るのが好きだ」という。母親の助言もあって、パソコン教室に通ったり、漢字検定の合格のための勉強をしたりしているそうだ。「障害者は受

け身ではダメだと思う」と。そして自分からこの会社の良さを発信して、こういう会社なら精神障害者でも働けるということを示していきたいと意気込みを話す。五年前に結婚し、昨年子供ができたという。「年金の関係もあるので、当面は今くらいのペースで働きたい」という。

岸さんは今後の委託訓練について、「必要なのは面接対策や履歴書の書き方ではない。パソコンの入力指導も果たして実際の業務ではどこまで必要なのか。もっと幅広く活躍できるための訓練の機会を工夫して提供していきたい」と話す。そして今後の障害者の採用については、「まじめな方が多いので、仕事はだれでも覚える。弊社の採用基準は、経営理念に共感してくれるかどうかです」という。そのときにはAさんがピアサポーターとして活躍しているかもしれない。

**ワイズ・インフィニティの取材を振り返って**

## 普遍的な価値　サービスの原点を追求する

岸さんの「採用基準を設けるなら経営理念を共有できる人」には、目からうろこが落ちる気がした。障害者雇用の脈絡で語られることはほとんどなく、見落としがちな大事な視点だ。

今回取材をしたある企業のジョブコーチがいった「障害者支援のプロになる必要はない。ここの人たちを支えられればいいいんです」という言葉にも同様に軽いめまいを覚えた。長く福祉の側にいると、ついどうしても当事者を支援する立場になって物事を考えがちになる。

ワイズ・インフィニティは、お客様のニーズが多様化している現在において最も重要なのは、サービスの原点である「愛」だという。画一的でなく、個別に最高のサービスを提供する、それには「愛」が必要なのだということか。

日本人の人口は減り続け、今後ますます外国籍の人に頼ることが増えていくだろう。その人たちがこの社会で安心して暮らしていけるようにすることは重要だ。その覚悟が私たちにできているだろうか。住居や医療に対する支援はちゃんと届くのだろうか。教育は？　福祉は？　障害者の雇用だけ特別扱いしてよいのかというモヤモヤを消すことができない。仕事が必要な人はそれなりに手厚く守られている障害者よりも他にいるではないか。

新聞の読者の投稿欄に事故で身体障害者となった人が、「シングルマザーと仕事を奪い合うなんて情けない」と嘆いていたのを見つけたことがあるが、いろいろな形の困窮に対して企業が果たす努力にも何かしらのインセンティブがあってもいいのではないだろうか。

AIがさらに普及すると、翻訳業はどうなるのだろう。映画やドラマの翻訳字幕ではセリフ一秒当たり四文字というルールがあり、「I love you」を一秒で訳す場合、「愛してる」「好きだ」という言葉を当てるのだが、場面によっては「さよなら」と訳したほうがしっくりくることもあるという。ビジネスに使う翻訳はできても、ドラマなど会話の妙味までうまく訳して伝えることはむずかしいと見られているらしい。言葉だけでなく想いを翻訳するのは人間にしか無理なのではないかと思う。

発達障害者といわれる人の中には語学に長けた人が案外多くいる。でも障害者というだけでその能力を活かす仕事に就くことができないのは残念なことだ。学習能力は高いが落ち着きがない、いうことを聞かない、発達障害だとして特別扱いされたまま大人になる人が少なくない。だが、ある子供専門の精神科クリニックでは、他のクリニックで発達障害と診断されて来る子供に障害を認めるのは一割程度だという。それくらい発達障害の診断は難しいのだそうだ。

何年か先に翻訳業界で活躍する障害者を見ることができるだろうか。もっともその頃まで「障害者」と呼んでいるかは疑問なところではあるのだが。

## 精神・発達障害者との相性で伸びる小規模IT企業

### モンテカンポ（東京都港区）　山野雅史 社長

大手ITメーカーなどから各種プラットフォーム向けのソフトウェアやアプリの開発を受託している企業だ。そのほか、大規模システムやソフトウェア、WEBサイトの性能テスト検証を通じた品質管理が主な事業内容だ。大手が作ったプログラムやソフトを出荷前にテストして、希望通りに稼働するか、セキュリティー面はどうか、市場に出して問題ないかを確認する。おかしな動きを発見した場合は受注先と調整しながら修正も行う。以前はソフトウェアのテスト業務の認知度は低く、大手メーカーの一部門である場合が普通だった。だが、アウトソーシングする会社が増え、今やテスト分野で上場する企業も複数あるほどだ。

創業は二〇一二年（平成二四年）三月とまだ新しい会社だ。同じような業務をしていた前身の会社から分離し、一部顧客と従業員を引き継いで起業した。社名の「モンテカンポ」は「山」と「野原」を意味するイタリア語だ。イタリアに同じ名称のアウトドア用品メーカーがあるが、こちらは創業者の名前とは無関係だ。山野雅史社長はＩＴ業界の前は美容師として働き、実家が鮨店を営んでいたことからも「技術職、専門職の分野にとても思い入れがある」と話す。

## コンセプトは「しあわせ品質共創会社」

そのモンテカンポは経営理念に「しあわせ品質共創会社」を掲げている。「しあわせ」とひらがなで表すところや社名に山野社長のセンスと人柄が現れていないか。「提供する品質はもちろんのこと、専門職や技術にかかわっている全ての人が幸せになれるように発展しないと事業をやっている意味がない」と山野社長は語る。さらに「お客様もユーザーも当社に関わる全ての人が幸せじゃないと存在する意味がない」と。それには品質にとことんこだわる。例えば「文字の揺れ」といったようなごくわずかな点でも、お客様の身になって改善を提案していく。幸せをみんなで創っていくんだという強い思いを感じる。

従業員は現在七人で、そのうち二人が障害者だ。二〇一九年に東京都の「障害者雇用エクセレントカンパニー賞」の東京都知事賞を受賞した。他はみな大企業だったが、モンテカンポだけが当時従業員が一〇人の零細企業で、そのうち四人の障害者を雇用しているのが評価された。その後、新型コロナ感染症の影響などで二人に減らしたものの、二〇二一年には厚生労働省から障害者雇用優良中小企業事業主として「もにす認定」を受けている。

## 「障害者を雇用する企業は業績が上がる傾向がある」との論文がきっかけ

山野社長が障害者雇用に踏み出したきっかけは、ある経営者向けの勉強会に参加したことだった。そこで「障害者を雇用した企業は業績が上がる傾向にある。障害者を思いやる環境整備は誰にとっても働きやすい環境になり、生産性が上がるからだ」という研究者の論文が紹介され、印象に残った。しかしそれは製造工場の事例が多く、「私たちのような規模のＩＴ企業ではむずかしそうだ」と思いを巡らせていた。そんなとき知人が、障害者の働く就労継続支援A型事業所を紹介してくれた。聞くとA型事業所では利用者と雇用契約を結んでいるので、雇用でないB型事業所よりも一般就労に耐えられる人たちが働いているという。そしてクリエイティブな才能を持つ人が多いとも。それなら納期が長めの仕事を手順化して切り出せば一定品質が保てそうかなと思い、「人件費を考えると、直接雇用よりメリットがあるかもしれない」と判断したという。さっそく依頼したところ、一か月後に戻ってきた仕上がりは想像以上で、満足のいくものだった。

ところが、期待した矢先、その事業所が経営不振で閉鎖されることになった。さらに職員から、今回の作業を担当した障害者を雇ってみてほしいと相談を受けた。A型事業所での勤務実績もよく、大変まじめな方という職員の推しもあり、お互いに良いチャレンジと考えて、一週間の体験実習を経て採用した。それから七年、最初の頃は一日四時間だったが現在は五時間、期待通り安定した勤務を続けている。

## 根気がいる地道な作業に障害特性を活かす

このTさんともう一人の障害を持つ社員が担当している業務は基本的にはパソコンとス

マートフォンの操作だ。プログラミングといった高いスキルや特別な知識が必要なものではない。しかし、様々なデータをソフトウェアに入力し、画面のレイアウトが崩れていないか、その環境で問題ないかといった動作テストを、パソコンとスマホの機種ごとに、ソフトウェアのバージョンごとにひたすら続ける、とても根気がいる地道な作業だ。

一人目のTさんが順調だったため、二〇一六年にはもう一人雇うことにした。東京しごと財団の障害者委託訓練事業所として登録し、「スマートフォンやパソコンを使ったソフトウェアテストの技能習得」講座を開いたところ、一二人が参加し、それによって障害者にできる業務範囲を拡大するきっかけを作ることができたのも大きかった。

気分変調症のNさんは就労移行支援事業所の紹介で応募してきた。以前はシステムエンジニアとしてプログラミングから納入、マネジメントまで全てやっていたという。前いた会社はリーマンショックの影響から体調を崩し退職したが、徐々に症状をコントロールできるようになり、テスト業務であれば以前の経験が活かせると思ったのが応募の動機だった。責任感が強く、問題を発見するととことん調べないと気が済まない、やや潔癖なところがあるがまじめな人物で、会社には電車で約一時間かけて通っている。週五日、一〇時から一五時まで一日四時間勤務だ。今年還暦を迎えるが、「今の働き方がちょうどいい。

仕事はそんなにむずかしくないし。会社がいろいろと考えてくれていることは充分伝わっています。まだまだ働きたい」と話す。一人暮らしで、休日は自宅でスポーツ観戦が趣味だという。「自分ではやりませんけど」と笑って話す。

「貴重な戦力ですよ」と山野社長はいう。「雇ってよかった」と。

## 自身の障害を理解し、ほしい配慮を言葉で説明できる人を採用

四人目に採用したのは、四七歳で発達障害の診断を受けた人で、講座に参加した後、教える側になりたいといってきた。外国人向けの日本語教師の経験もあり、人に教えるのが好きということだったので、採用してみた。コロナ禍になり、講座自体を中止せざるを得なくなって退職されたが、その行動力と発想の豊かさは目を見張るものがあった。

創造性よりも根気のいる地味な作業が向いている人は多いが、メディアが素晴らしい特別な才能を持った障害者を取り上げるせいか、自分の才能が活かされないのは周りのせいだと考えてしまう人もいて、対応に苦労する場合もある。なので「採用の際は仕事内容が本当に本人に合っているのかしっかりとすり合わせておく必要があることを学んだ」と山

野社長はいう。

これまでの経験を踏まえて現在の採用基準について山野社長は、「企業で働くための訓練を就労支援事業所などで受けた素地のある人。そして、自身の障害を理解していて、ほしい配慮について、きちんと自分の言葉でまわりに説明できる人」と話す。零細企業ではあまりに制約が多いと対処しきれない。「ここは階段だから」とオフィスのある建物を指し、「車椅子の人はうちでは無理です」と。

障害者が働けないのは本人の障害が理由ではなく、社会の側に障害があるからだという主張は的を射る。だが、簡単にはいかないことが多いのも現実だ。そして今、障害も自己責任といわんばかりに、働ける者は働けという声が大きく聞こえるが、それが生活のため、お金のためだとしたら、それでいいのか。障害者が働かないと生活がままならないのと、障害があっても生き生きと暮らすために働くのでは、そこに立ち現れる社会の姿には大きな違いがある。

就労移行支援事業所では、事務系、ＩＴ系の仕事を希望する人が多い。メンタル面の不調で休退職した人が短期間のトレーニングを受け、復職・再就職を目指すケースも多い。ただ、ＩＴ系とはいえ、どんなプログラミング言語が使えるかというようなことより、集中力があるかとか、休まず通えるかといった職業人としての基本的なことがまず求められる。そこでＳＳＴ（ソーシャル・スキル・トレーニング）や認知行動療法といったプログラムを受け、円滑なコミュニケーションと人間関係の築き方を学ぶ。しかし受け入れる企業の側にその素地が築かれていないと、本人の努力が無駄になってしまいかねない。そこはＩＴだろうとガテン系だろうと同じことだ。

## 「期待しすぎない」「比較しない」がポイント

採用後も長期間働いてもらうための工夫が必要だ。フルタイムで働いていた一人は、あるとき急に体調を崩し、出勤と欠勤を繰り返した後、一年以上休職した末に「待たれるのもつらい」といって退職を決意されたそうだ。

企業に雇用されて働き続けるには、生活リズムを整える必要があるが、休日に体調を崩す人は少なくない。同居の家族やグループホームの世話人がいれば違うのだろうが、一人暮らしだと乱しやすい。前述のＮさんは、生活リズムの維持のために、休日でも普段と変わらず同じ時間に起きて外出することを心掛けているという。体調の波を減らすため、プライベートな部分を会社が関与し指導するケースは多い。ただ、踏み込みすぎは双方にとって良くない結果を招きやすいので、会社はある程度ビジネスライクに接するべきだろう。プライベートは地域の社会資源のサポートに委ねる方がうまくいく。そうした福祉との連携はとても大事だ。

山野社長は「勤続年数が長くなると、それに応じてこれくらいはできて当然と、期待値をあげすぎることを注意している」という。その社員の今の状態を見て仕事の量を図るようにしているそうだ。他の社員が不満を抱えることもあるので、その点は注意が必要とも。ひずみはできるだけ小さいうちに修正する。「『普通』と比較するのではなく、違いを認め合うことから始めないとうまくいかない」という。「最初のA型事業所があのまま存続していれば、割り切って外注先というだけの関係を続け、一時的に生産性が増して収益はあがったかもしれません。ただ、雇用から学び経験したからこそ見えてきたものがある。『普通』はいったん脇に置いて、いろいろな人と働くことで会社の許容力が増し、何より私たち自身が変わった」と話す。

# ＩＴが風習や常識を改めるきっかけを作れるか

「特別な才能を持つ」といった調子で紹介されることの多い発達障害者だが、その特別な才能を活かして豊かな人生を送る人はごくわずかだ。大方はその「特性」ゆえに生きづらさを抱えている。一見どこにも障害があるようには見えないため、周囲に理解されにくく、支援も届きにくい。そうした人の数は増加している。社会の認知が進んだことで、積極的に障害者手帳を取得する人が増えてきたことが数字に反映しているといわれる。そうした障害者向けに、ｅスポーツやドローンを取り入れる就労支援系の福祉サービス事業者が登場して人気を呼んでいる。職業リハビリテーションとしての効果のほどは今後の議論や研究に譲るが、少なくともそれがそうした業界への就労につながるものであってほしいと思う。でないと、その「遊び」に国民の税金を使うのかといった批判は必ず出てくるだろうし、ゲーム依存症と同様の危険性があるとしたら、何のための福祉サービスなのかその存在意義が疑われるようになるだろう。

ＩＴも関わり方次第では健康を害する場合があるのは周知のことだ。刺激的な情報に晒され続けると心が蝕まれていく。パソコンやスマートフォン画面を凝視し続けることで、目や肩、脳にまで影響が出ることが分かっている。椅子に座りっぱなしも危ない。坐骨神経痛を発症し、ますます動かなくなって筋力と体力を失っていく。

そういうことをまず経営者自身が注意を払うことが肝心だろう。社員の心身の健康に関心を持たない企業は今後ますます選んでもらえなくなるだろうから。今回取材をした企業のなかに、障害を持つ社員に五〇分に一度、一〇分間の休憩を取らせる企業があるが、そういう配慮をすべての従業員にすべきなのだろうと思う。

今後、障害者の雇用を増やすには、短時間労働を受け入れやすい環境作りが求められるのではないか。就労支援系の福祉サービスの現場では、毎日休まず、できるだけ長い時間を働けることを目指すが、それはそうでないと劣悪な環境で使い捨てられるか雇ってもらえないかのどちらかだと考えるからだ。一つ所に長くいることで企業も社員も得をする時代はすぎたと思う。我慢は、するべき我慢としなくていい我慢がある。ミスマッチが分かったら早めに仕切り直しをするのは双方にとって得策だ。とくに精神に障害を持つ人の場合、予期せぬ出来事がきっかけで体調が急変することが少なくない。そうしたことを念頭に置いて、ゆるい雇用関係を築くことはできないものだろうか。障害者雇用がこれまでの日本の労働慣習と「世間体」を重視するといった風習を改めるきっかけになればいいと思う。また、日本ではいったん雇用関係を結ぶとよほどのことがないと解雇はできない。しかしそれが企業と、社会の停滞を招いている一因ではないのか。とそんなことを考えるとき、心を病む人や発達障害者といわれる人たちが増えるのは、実に自然の流れなのではないかという思いに至る。みんなで幸せを創るのだというモンテカンポの奮闘に希望を抱く。

# 障害者が「いるのが普通」特例子会社を選ばなかった大手企業

## リゾートトラスト（愛知県名古屋市）伏見有貴社長

会員制のリゾートホテル等を国内に四〇カ所、ゴルフ場一三カ所の他、レストランや有料老人ホームなどを運営する、会員制リゾート産業のリーディングカンパニーだ。ブランドアイデンティティは、「ご一緒します、いい人生」。グループ会社は三一社にのぼり、従業員は七千人を超え、パートを含めたグループ全体では一万人の大台を超えている。新卒だけでも毎年五〇〇人近くが入社している。創業は一九七三年（昭和四八年）。短期間で急成長した企業だ。

このような大企業が障害者の法定雇用率を達成するには、かなりの人数を確保しなければならない。リゾートトラストが雇用している障害者数は、二〇二三年は本社単体で二三四人、雇用率は三・〇二％、グループ全体でも二・九二％と法定雇用率を大きく上回っている。

勤務先は主に東京、横浜、名古屋、大阪にある「事務支援センター」で、約一六〇人が働いている。この部署は二〇〇六年に設置され、現在はデータ入力やダイレクトメール（DM）の作成など様々な部署のバックオフィス業務を支えている。障害を持つ社員の仕事ぶりは社内でも好評で、様々な部署から「こんなことできませんか？」と業務依頼の相談が相次ぐ。現在、手掛ける業務は二五〇～二六〇種にも及ぶという。単純だけれど手間の掛かる作業を請け負う「困りごと相談所」で「何でも屋」的な存在だ。

## 就労支援のプロを担当者に迎える

二〇一五年にはダイバーシティ経営企業一〇〇選に選ばれ、二〇一七年には東京都の障害者雇用エクセレントカンパニー賞を受賞。その前の二〇一四年には当時の天皇皇后両陛下がご視察に来られるなど、その取り組みが高く評価されるリゾートトラストだが、二〇〇五年時点での雇用率は〇・六六％にすぎず、愛知労働局から行政指導を受けるほどだった。まず、東京都渋谷区にある東京本社ビルのフロアに、事務作業を集中的に行う部署を作り、DMや名刺作成など、これまでは外注に出していた作業を内製化することで、障害を持つ社員の仕事を生み出していった。これが当たり、順調に数字を伸ばしていったが、雇用する障害者が三〇人を超えた辺りからサポートスタッフの総務や人事の仕事との兼務が負担となったため、専属の担当者を置くことにした。そのときに声を掛けたのが世田谷区の就労支援センターに勤務していた北沢健さんだった。

北沢さんは、就労支援センターに勤務していた当時、「企業の皆さんから、『企業と福祉は違う。認識が甘いのではないか』といわれることがあったので、いったい何が違うのか、企業の中に入り込んでもっと深く理解したいと思いました」と話す。当時は、東京都のジョブコーチを指導する立場にあり、障害者と触れ合うことが少なく、「皆と一緒に働きたい」との思いもあり、「障害者とともに働くことの可能性や視界をもっと広げる良い機会で、やりがいがある」。そう考えて転職を決意したという。現在、北沢さんは人事企画部ダイバーシティ推進室東京・横浜事務支援課課長として障害者雇用の陣頭指揮を執っている。

## 支援機関を選び、お見合いから始めてミスマッチをなくす

北沢さんは「ここで働く障害を持つ社員の皆さんには働きたいという思いをしっかりと感じます」と話す。「施設なら働かなくてもいることができますが、当たり前ですが企業ではしっかり働けないと、い続けることができないのが切ないですね。しかし、そこが福祉と企業のそれぞれの役割であり、やるべきことの境目です」という。加齢による体力の低下やご家族を含めたライフステージの変化に合わせて、福祉を上手に利用しながら雇用を進めていく必要があると考えている。そして「障害者がいるのが普通の企業であり続けたい」という。

障害者の採用方法については、希望者には必ず実習に参加してもらうことと、就労移行支援事業・支援センターや特別支援学校の担当者が付いて、本人と信頼関係を築けていることを条件にしているという。支援機関によっては面接に同行し、普段の作業の様子を撮った動画を見せてくれることもあるが、そういうところは安心だと。そして「就職後の定着支援にも力を入れているか、就職したらおしまいという態度の事業所は困ります」と

いう。かつて福祉側にいて事情に精通している北沢さんは「事業所は選ばせてもらっています」と話す。

実習では、職場の雰囲気に溶け込めるか、本人の興味ややりたいことは何かという点を重点に見ている。三〜五日の職場体験で「お見合い」をした後に、二〜三週間の実習を行う。採用に適する人を選び、本人には改めて働けるかどうかを考えてもらった後に採用するため、ミスマッチは少ないという。

## 障害者の特性を活かし、サービスの付加価値をあげる

東京・お台場にあるホテルの東京ベイコート倶楽部で働く、ある障害を持つ社員は、レストランのナプキン折りや、「タオルアート」を得意としている。バスタオルでハクチョウやウサギ、バースデーケーキを作って部屋を飾る。もともと正社員が利用客へのもてなしとしてやりたいサービスだが、人手と時間が足りず手が回らなかった。手先の器用な障害者は案外多い。ある高機能自閉症の社員の折り紙は家族連れに好評だ。レストランでは折り鶴が一つあるだけで、幼い子供が興味を持って静かにいてくれるようになる。彼はそ

の障害特性で日常会話は難しいが、興味のある対象への反復的な行動は得意なので、何百個折っても同じ大きさできれいに折ることができる。作品を見ただけで折り方がだいたい分かってしまうらしい。たまたま三者面談で母親から「多動を抑えるために折り紙をさせたら大得意になった」と聞き、試しに任せてみると、こちらの期待以上の作品をつくってみせた。それまでは別の担当だったがなかなかうまくいかず、たまたま折り紙の依頼が来たことで、その能力を活かせることになったわけだ。

こんなケースもある。横浜市にある「ザ・カハラ・ホテル&リゾート 横浜」ではマカダミアナッツチョコレートの小さい箱に障害を持つ社員がリボンを結んでいる。業者に依頼する

これがタオルでできている？素晴らしいタオルアートの一例

と、運搬途中でどうしてもリボンの形が崩れてしまう。店頭に置けば飛ぶように売れていくほどの人気商品だがリボンが無ければ販売できない。そのリボンは、カハラのマークが中央に来ないと合格ではないが、アルバイト社員に頼むと、位置がずれて上手に結べずやり直しとなることが多い。しかし、自閉スペクトラム症の社員たちは、位置以外にも箱の脇の小さな擦れや汚れを見逃さない。北沢さんは「こういった作業は彼らの特性に合っている。そして彼らには仕事に対する誠実さがある」と話す。障害者の個性を活かしてより質の高いおもてなしサービスを提供している好例だ。

思わずほしくなるきれいなリボン

タオルアートでお客様をお出迎え

## 働き方改革を先駆け、事務支援センターの業務は二五〇種以上

リゾートトラストでは二〇一四年頃から国の方針に先駆けて、働き方改革に取り組んだ。業務を効率化させ、残業の削減など労務改善をし、そのうえで事業拡大に向けて担い手を確保するという難題である。そこでまず徹底的に業務の見直しをしたところ、会員権契約書の作成に大きな無駄があることが分かった。防災などの法律が変わるたびに書き換える必要があり、年間で七～八回も契約書の更新をする。印刷を業者に委託すると大きな費用がかかるうえ、少数では受けてもらえない。そうした作業を内製化すれば、編集に時間と余裕が生まれ、必要な分だけ印刷できる。印刷物を貸倉庫にストックしておく必要もなくなり、大幅に経費が削減できたという。また、顧客リストや契約書などの重要な情報を外部に出さなくて済むようになり、安全性も高くなった。

契約書以外にも、それまでは営業担当が残業して作っていたDMの発送作業を引き受けたり、ホテルスタッフが慣習として休憩時間に準備していたナプキン折りやレストランのお品書きを作ったりするなど、事務支援センターが引き受けることで、担当本来の業務に

専念できるようになった。空いた時間で新たなサービスを考えたりと、社員のモチベーションの改善にもつながっている。

## 障害を持つ社員と共に働き、職場復帰を目指す人も

四カ所の事務支援センターには専属のサポートスタッフがいて、受注の打ち合わせと業務の采配、障害を持つ社員への指示や指導、支援施設や親への連絡・調整などを行っている。最も規模の大きい東京では一一人を配置している。

このセンターは、うつ病などを患った社員の職場復帰の支援も担っている。メンタルに不調をきたした社員が、障害を持つ社員らと共に作業をし、時には助けたり、助けられたりしながら回復を目指す。サポートスタッフのなかには、着任してから外部の研修を受けるなどして生活相談員やジョブコーチの資格を取得した人もいて、彼らを支えている。サポートスタッフはホテル業務や営業、コールセンターなど様々な部署から集められており、リゾートトラストの業務をよく知っている。そのため、「あのホテルのこの業務なら引き受けられるんじゃないか」「あそこの職場はいつも残業しているから何かサポートで

きることがあるんじゃないか」など、自ら仕事を提案することができる。「彼らはホテルサービスをしたくて入社しているので高いホスピタリティスキルを持っています。基本的に気持ちがやさしく、根気があって、ときに厳しくとメリハリをつけられる人が多いです。障害者と働くのに向いている人たちですね」と北沢さんはいう。職場復帰の支援プログラムを経て人生を前向きに考えられるようになって元の職場に戻ったり、新たな仕事に挑戦したりする人が多いという。

北沢さんは「社長・会長をはじめとする経営陣が障害を持つ社員を大切に考えてくれているおかげで安心です」と話す。新型コロナ感染症の影響などであるホテルを売却した際に、清掃業務を担当する障害を持つ社員が一〇人いたが、「一人も辞めさせてはいけない」との命で事務支援センターが引き受けることになったが、どこからも不満の声などは聞こえてこなかったという。

## 定着のためには生活面のフォローも大切

法定雇用率の引き上げを機に、二三区内に特例子会社が急増して障害者の取り合いになった結果、東京都の特別支援学校の就職率は、以前の三〇％程度から五〇％近くになっている。

特例子会社を設置する企業は多いが、別会社になるため、本社との間で収支と書類のやり取りをする必要があるなど煩雑だ。リゾートトラストのような社内組織だと仲間意識も生まれ、互いに助け合いながら仕事ができる利点がある。特例子会社とはいえ独立した会社なので業績が求められる。そして職場内の障害者の比率が高いゆえに起こるトラブルも多い。そうしたトラブルをできるだけ減らすために、サポートする社員を配置するが、業績との板挟みで疲弊してしまうケースが少なくないという。

今後、安定した採用を続けるには、増え続ける精神・発達・知的障害者が働ける体制作りが求められる。リゾートトラストの事務支援センターでは、周囲の音や視線が気になる人にはパーテーションで囲いを作ったり、個室を与えたりすることもある。光に過敏な人は社内でもサングラスを使用しても良いことにしている。体調が悪くて休憩したいときに、口頭が難しければカードアプリやメモで報告してもらう。攻撃性を抱きやすい人には「お静かに」というカードを机上に置いて注意を促すといった工夫がされている。かつての支援機関からアドバイスをもらう場合も多いのだという。

さらに精神と発達障害の社員とは毎日交換日記のやり取りをしている。知的障害の社員の場合は親と行っている。子供が働いているところを見学したいという親は多く、支援機関を含めた保護者会を年に一度開いている。長く働いてもらうには生活面のフォローも必要だ。業績が悪化したらすぐに放り出される会社だと支援機関も安心して送り出せない。ご家族の事情や親御さんの希望や不安を聞くなどして信頼関係を築いてきた。

過去にはこんな出来事があった。知的障害を持つ四〇代後半のある社員は、八〇歳代の母と二人暮らしだった。認知症のその母が家の火事で亡くなるという事故があった。彼女は警察で事情聴取されるが、混乱して話ができない。そのときには担当のケースワーカーが聴取に立ち会ってくれ、一緒に対応したという。そしてその後、障害担当のケースワーカーが火事の後処理と成年後見人、グループホームの入居と、悲しみと不安の只中の彼女に寄り添って対応してくれたそうだ。そして彼女は三カ月で職場に復帰できた。リゾートトラストの社員でなければ、身寄りのない一人の知的障害者として、どこかの施設にしばらく預けられるだけになっていた可能性さえあっただろう。

北沢さんは現在、教育庁の就労支援アドバイザーとして、特別支援学校へ赴くこともある。「現状の体制はもう古いですね。精神と発達障害者への認知が社会的に進むなかで、手厚すぎず、より正社員に近い形での働き方を求める人が多くなってきています。そこに合わせる対応はまだできていません」と現状のリゾートトラストの体制を反省を込めて振り返る。障害者求人枠で入社した社員を正社員にするのはなかなか難しい。それでも、北沢さんは「正社員化は企業として努力していく必要があるが、一般社員と区別して考える場面はどうしても出てくる。無理をしても長続きしない」と考える。

## 知的障害者に負けないようにがんばる

実際にリゾートトラストで働くある社員に話を聞いた。

二級の精神障害者手帳を持つKさんは、事務支援センターで化粧品のサンプルを梱包したり、DMの宛名を貼ったりする仕事をしている。勤務時間は月曜から金曜の九時～一七時の七時間で、入社三年目になる。現在も躁うつ病とアルコール依存症があり、治療中だ。通常の有給休暇の他に、毎月一日通院のための有給休暇を取ってメンタルクリニックを受診している。休日には自助グループの集まりに出掛けることもある。過去にはアパレル系の会社で発注伝票の作成といった事務作業の他、印刷会社では和文タイプの入力、サンドイッチの製造販売などの経験も持つ。二九歳で発症したが、四〇歳まで働いた。勤務先の上司には障害のあることを伝えていたが、薬の副作用で眠くなることが多く、同僚からは勤務態度が悪いと思われていたようだ。そこから一〇年間は精神科のデイケアに通った。その頃は毎朝起きて病院に通うことが一日の目標だった。そこで徐々に生活リズムを整え、就労継続支援B型事業所に行けるようになった。一年後に就労移行支援事業所に移った。

リゾートトラストへの入社の経緯について聞くと、「担当支援員がハローワークに問い合わせたところ、たまたま私のためにリゾートトラストの一件だけが締め切り間近で残っていたので、すぐに応募して二週間実習に通った」と笑って話す。Kさんは「仕事するのが一〇年ぶりですごく緊張したけれど、一〇年の間に世の中がいろいろ変わっていました。以前はどこでも当たり前だったパワハラやサービス残業がなく、いい意味で驚きました。知的障害者が大勢働いていますが、彼らは毎日きちんと出勤し、言葉遣いも丁寧で作業も速いです。それを見て、これは負けていられない。ぜひ就職したいと思った」という。

入社後は、就労定着支援事業所のスタッフが二カ月に一度様子を見に来てくれる。いつものクリニックでの診察は五分程度だが、会社の産業カウンセラーとの面談は最低二〇分ある。「悩んでいることをちゃんと相談できるので安心」という。現在、日光市に建設中のホテルに関する事務作業にもKさんはかかわっている。パソコンにデータ入力する作業に挑戦中だ。「もう少し難しい仕事も覚えたい。登記書類のチェックを自分だけで完結できるくらいまで習熟したい」と意気込みを見せた。Kさんは現在五五歳で、あと二年働くと五年目になるため、無期雇用契約の申請をして、あと一〇年は働きたいと考えている。

リゾートトラストの取材を振り返って

## 障害者の就職のハードルを下げる社会的なインパクトは大きい

リゾートトラストの障害者雇用の形は「大手企業のモデル」といえるだろうか。職場にサポートスタッフの社員が複数人いて障害者を見守っている姿は、私にかつて慣れ親しんだ作業所の姿を彷彿とさせた。合理的配慮が求められるものの、七〇人の障害者に対し、福祉サービス並みに一〇人もの指導員を配置するのは並大抵ではない。企業にとっては社員一人一人が給料に見合った働きができているのかは重要だ。入社したら、無駄をなくし生産性をあげることを叩き込まれる。福祉業界で働く人が障害者の就職に抵抗を持つのは、空気を読むことが苦手で、そのくせ些細なことに敏感な彼らが、そんな厳しい労働環境で働けるはずがないという先入観があるからだ。無理をして就職して症状が悪化した例をたくさん見て知っているからだ。

しかしそんな福祉従事者の心配はもはや無用な「転ばぬ先の杖」かもしれない。過保護と過干渉をやさしさと思いやりでごまかした福祉の常識はもはや「自助」を重んじる企業の前では「余計なおせっかい」かもしれない。新入社員の三人に一人は三年以内に辞めてしまう時代だ。多くの企業は若者に選ばれるために必死の改革を実行している。

大企業が法定雇用率を満たして障害者を多数雇用していくには、支援機関や企業内部に精通した北沢さんのような専門的な人材がいるだろう。担当する業務を二五〇種にまで細かく丁寧に切り分けられる現場はなかなかない。障害者の特性を活かし、サービスの向上にまでつなげているリゾートトラストの手法は実に見事だ。体力のある大手だからできることだ、と冷ややかに見る向きもあろうが、作業所で働くしかなかった障害者に道を開くことの社会的なインパクトは小さくはない。

リゾートトラストではさらに事業を拡大していく予定だ。ホテルを一つ始めると従業員が三〇〇人程度必要になるという。それに伴って障害者も毎年二〇～三〇人増やさないと追いつかない。それをすべて事務支援センターが受け入れるのはそろそろ無理が出てきたので、これからはそれぞれの場所で雇用を開拓していかなければならないと北沢さんはいう。日本が誇るおもてなし文化を継承し続ける大企業の進化が楽しみだ。

# 障害者雇用
# 成功のポイント

## 共通点は、「キーパーソン」と「構えすぎない」こと

取材した七社の共通点は何か。そしてそれは持続可能なのか。そのことを中心に考えてみると、二つの点に気づく。一つは、キーパーソンとなる人がいること、もう一つは、障害者を雇用することをそれほど構えて行っていないことである。障害者雇用に熱い思いを抱く人物がいて、その信念と、生み出す成果に、周囲はただ信頼するほかないのである。そしてそれは十分な知識やテクニックの裏付けがないままに始められたものの、いつの間にか結果が付いてくると、企業風土にまで昇華していく。計算通りにはいかないことを承知の上でまずやってみるという姿勢が好結果を生みだしたように見える。改めて各社を俯瞰してみよう。

### 川相商事（大阪府門真市）

元障害者雇用支援センター職員で経験豊富な企業在籍型ジョブコーチの倉場眞弓さんの存在が大きい。家庭や施設ではできない、仕事を通してしかできない経験と成長があるという彼女の確信は、障害を持つ人に、その障害者を雇用しようという企業に、大いなる勇気を与える。また社員教育、特にリーダー教育が功を奏し、障害者雇用と共に企業風土が変わり、業績を上げた好例である。

## 高浪化学（茨城県結城郡八千代町）

元自衛官の経歴を持つ取締役で開発企画部長の蛯沢大輔さんが中心となっている。地域業界のオピニオンリーダーといった存在だが、気負いを感じさせない社風を持つ。就労継続支援B型事業所への仕事の発注を通じて交流を持ち、確実な雇用へとつなげている点は大いに参考にすべきだろう。

## 吉川油脂（栃木県佐野市）

先代社長から続く家訓ともいうべき障害者雇用を、現社長の吉川千福さんが引き継いだだけでなく、業界のイメージをも刷新するような数々のアイデアと実行力は脱帽である。

障害を持つ社員のための寮を整備し、プライベートまでも支えていこうとする姿勢は並大抵ではない。社会資源も労働人口も少ない地方企業においては大いに参考にすべきだろう。家庭や企業で支え切れない障害者を施設などが受け入れてきたが、それとは対照的な吉川油脂の事例は、多くの人の知るところとなって、理想の福祉の在り方を追求する動きにつながっていってほしいものだ。

## 日本理化学工業（神奈川県川崎市）

全従業員の七割にのぼる知的障害者を戦力に、着実に成長してきた企業として、今後も注目され続けるだろう。先代社長の意志を現社長の大山隆久さんが受け継いだ格好だが、障害を持つ社員に向ける目は愛と敬意に満ちていて、学ぶところが多い。知的障害者が戦力として働き続けるための工夫の数々と、働くことを通して一人前の社会人に育てていくという厳しさを織り交ぜた姿勢に感銘を受ける。障害者の仕事は企業に任せ、福祉は生活面に集中すべきという大山社長の言葉に応える企業と福祉関係者が増えることを期待したい。

## ワイズ・インフィニティ（東京都港区）

「愛」を企業経営の中心に据える志は熱いものを感じさせる。ダイバーシティの対象は広く、障害者を特別扱いにしない姿勢は見習うべきだろう。山下奈々子社長の熱い思いを副社長の岸靖雄さんがちょうどよい塩梅に翻訳。多様な文化と人々を柔軟に受け止めて好印象につなげ、多くの人から支持を得ているのはできそうでできないことだ。

## モンテカンポ（東京都港区）

ＩＴ業界での障害者雇用に光明を見出せるか、モンテカンポの試みは注目だ。ＩＴ業界で働きたい障害者は多く、特に精神疾患を持つ人が短時間からでも可能で、戦力になりうるのなら採用したいと考える企業は多いだろう。関わる皆が幸せになるモノづくりを追求する山野雅史社長の取り組みに注目していきたい。

## リゾートトラスト（愛知県名古屋市）

各部署のバックオフィス業務を集約して障害者社員の仕事にするという手法は大手企業が多く取る選択肢だが、それを特例子会社化せずに行っているリゾートトラストの取り組みは注目に値するだろう。障害を持つ社員が働く事務支援センターでは部署間の行き来などが物理的にも精神的にもハードルが低く設計されている。それにはセンターを取りまとめる企業在籍型のジョブコーチでもある北沢健さんの存在が大きい。元就労支援センター職員であった経験を持つ北沢さんの深い知見が「障害者がいるのが当たり前」な企業風土を作り上げたといっていいだろう。またリゾート産業のリーディングカンパニーとして、今後各リゾート施設での障害者雇用が進めば、また一歩、障害者の働く選択肢が増えていくと思われるので、期待したい。

## 成功のポイントは三つ

障害者雇用の何をもって成功とするかはそれぞれの考え方があっていい。特効薬があるわけでもなければ、正しい答えが用意されているわけでもない。それでも採用と定着に人事担当者が、現場で共に働く社員が、さほど困らなくていいくらいの基礎が築ければ、まず成功といってよいのではないだろうか。私は、そのポイントは次の三つだと考えている。今回の取材を経てその思いを強くした。

① 採用基準を設ける
② 担当者（キーパーソン）を支える
③ 仕事を雑用にしない

一つずつ見てみよう。

## ① 採用基準を設ける

採用しようとする人物像を絞り込むことだ。ある程度、仕事の切り出しができたら、その仕事ができそうな人物像を描いてみよう。その際、こういう仕事をこれくらいできるという能力に標準を合わせるのではなく、人柄や体力など、基礎的な働く力が備わっているかを重視した方が無難だ。そのジョブに対する能力があっても働く力がなければ長続きはしない。働いているうちに備わってくると考えたいところだが、就労支援事業所などへ満足に通うことができなかった人に一般企業だったらできると考えるのは無理がある。だからもちろん就労支援事業所などの訓練機関を利用して、最低でも二カ月以上、休まず通った実績のある人にすべきだ。また、障害を他の社員には知られたくない（クローズにしたい）という人も避けた方がよい。障害を自分で受け入れ切れていない、隠したいという人への対応は必ず無理が生じる。こういう障害があるので仕事をするために助けてほしいというくらい謙虚だが、強い意志を持つ人が望ましい。

そして必ず面接の後に三日程度の職場体験と、その後に実習を行うことだ。休日に体調を崩す人が多いので、休日を挟んで最低二週間は行うようにして見極めるのが肝心だ。障害者職業センターで委託訓練事業所の登録をしておくと、希望者を紹介してもらえるし、わずかだが委託料を受け取れるので、積極的に利用するとよい。

## ② 担当者（キーパーソン）を支える

五人以上を雇用すると、生活相談員を配置することが求められるので、その人を担当者にするのが妥当だろう。しかしキーパーソンとなるにはそれなりの熱意が必要だ。やらされ感を抱きながらは禁物だ。障害者はある種の負い目を感じながら働く場合もあり、他者の言動に敏感な人が多い。環境と仕事内容によっては必ずしもジョブコーチを置く必要はないが、そうした知識を得ようとする積極的な姿勢はほしい。そして肝心なのは、その担当者を孤独にしないことだ。できるだけ組織化し、例えば人事部のダイバーシティ推進課・障害者担当という風に役割を明確にし、上司が積極的に関与し続けることだ。採用人数にもよるが、担当は複数人いた方がなお良い。ワンオペはできるだけ避けたいところだ。障害者を支えるのを難しく考えすぎることはないが、支援者が病んでしまっては元も子もない。

また、経営者が障害者雇用への考え方を全社員に向けて表明すべきだ。ホームページなどを利用するのもいいが、社内向けには自らの言葉で語ってほしい。中小企業であればなおさらだ。障害者を取り巻く価値観は人それぞれなので、企業方針としてトップダウンで始めるに越したことはない。そのうえで社員の行動指針にまで落とし込み、差別を許さない態度を社長自らが示すのである。もしそれが難しいのなら、障害者の雇用は給付金を納め続けても無理にしない方が無難だろう。

## ③ 仕事を雑用にしない

障害を持つ人の多くが、会社勤めに慣れるのに時間がかかる。入社して間もない障害者社員は、生活環境の変化と、職場の人間関係、与えられた仕事に慣れるのに時間がかかる場合が多い。なので、しばらくは採用を担当した人事部のバックオフィス業務などから始めるのが理想だ。仕事量を確保するために、あちらこちらから仕事を切り出してくる場合でも、それを「雑用」にしないように注意することが肝心だ。もともと雑用という名の仕事は存在しないはずなのである。雑用にしてしまうのは、障害者雇用のために「仕方なく」切り出して寄せ集めたという邪念が広がるときだ。そうではなくて、それは誰かがやらなければならない仕事であり、それをやるのに誰かがサービス残業をしていたり、外注費がかさんでいたりしたら、業務の改善と従業員のモチベーションの向上につながるはずなのである。その意識を持つためにも、複数人で当たる場合にはそれを「事務支援チーム」などと命名したり、オフィスや外回りの清掃などをする場合には「環境サポートチーム」、雑草を取り除いたりする人は「グリーンキーパー」と呼んだりすると良い。障害を持つ社員が会社への帰属意識を持つことと、やりがいを見出せるようにするのは、大事な合理的配慮の一つであり、定着と戦力化には欠かせないことだ。

## マッチングがすべて　難しく考えすぎず、まず慣れる

もちろんこのほかにも知っておきたいことはたくさんあるだろう。不安をいい始めたらきりがない。人事担当者としては最善の準備をしておきたいものだ。つまるところマッチ

ングがすべてだ。希望者の障害特性に、仕事と人と環境がマッチするかどうかだ。そしてやはり期待しすぎないようにした方がいいだろう。「すぎない」ことは福祉サービスの現場ではとても大事なことだ。「急がない」「求めすぎない」「干渉しすぎない」など。精神的にも物理的にも一定の距離感を保つことが大事だ。それがお互いを守ることにつながるからである。人事担当者の燃え尽きを防ぎ、障害者の依存を防ぐことになる。そして経営者は結果を求めすぎないことである。結果が出るには時間がかかることを肝に銘じておくべきだろう。そして繰り返しになるが、自らが率先して障害を持つ社員と触れ合う機会を持つべきだ。遠慮することは何もない。まず慣れてほしい。

社長のゴーサインが出たら、あとは難しく考えすぎずに始めてみることだろう。まず地域の障害者職業センターへ相談することだ。歓迎して様々な助言をしてくれることだろう。場合によっては会社へ出向き、仕事の切り出しや社内研修なども行う。ハローワークには障害者専門の部署があるので、募集の際にはトライアル雇用などの制度や助成金の情報などを受けるといい。独立行政法人・高齢・障害・求職者雇用支援機構のホームページではそれらの支援機関の情報などが細かく載っているので、まずそこから始めるといいかもしれない。

## 就労支援事業所を知る

七社の事例からも分かるように、就労支援事業所との関係を築くことも大事なポイントの一つだ。あらかじめ事業所からの推薦があれば、ハローワークへの求人は非公開にすることもできる。採用後もうまくいかないことがあれば、本人に話を聞いてもらうなどしてアドバイスを受けられる。そして万が一のときは、退職とその後についても面倒を見てくれるはずだ。だが、すべての事業所がそのように動いてくれるとは限らない。それにはまず相手を知ることだろう。就労支援といっても、事業所ごとにその成り立ちやバックグラウンドによってかなりの温度差がある。独立行政法人 福祉医療機構の情報サイトWAM NETから、求職者の働く場所の近辺にある事業所を検索することができる。そして一度は足を運んでみるといいだろう。協力的かどうか、フットワークは軽いかなどを確認できるはずだ。

今回、以前より懇意にしていたライバルでもあった事業所に、改めて話を聞いてきたので紹介する。

## 精神科医療への知見と特性にあった適切な支援が評判の事業所

**あみ（神奈川県相模原市南区）　鈴木純恵 理事長**

事業所の開設は二〇〇九年（平成二一年）四月。前年の九月に社会福祉法人らっくを設立している。「あみ」とはフランス語の仲間・平等を表す「アミュ」からとった。就労移行支援と就労継続支援B型、それに生活介護を含めた多機能型事業所だ。白が眩しい清楚な外観の建物に、キンモクセイやトネリコといった常緑の植栽が馴染んでいる。一階は利用者の作業場でもあるレストラン「AMI」とチャリティショップ「楽来」。二階は短期入所用の一部屋とグループホーム（共同生活援助）の九部屋からなる。

理事長の鈴木純恵さんは、「あみ」から程近くにある北里大学病院の元看護師だ。精神科に配属され、約三〇年間、精神科領域で働いてきたキャリアを持つ。二〇〇九年の開設当時、相模原市の障害者の就労支援事業所は、就労移行支援が四カ所、就労継続支援B型が八カ所、他はまだ任意団体が運営する「地域作業所」が点在するくらいだった。知的障害者を中心とする作業所では精神障害者を受け入れるところはまだ少なく、自宅に籠るか、長期の入院を強いられる人が少なくなかった。わずか一五年前はそんな風だったのである。

## 適切な支援があれば、精神障害者も働けるようになる

鈴木さんは、精神障害者でもその特性にあった適切な支援があれば働けることを、病院のデイケアでの活動などを通じて確信していたこともあり、自ら事業を立ち上げることを決意した。政令指定都市になったばかりの相模原市行政と、経営経験のない元看護師による社会福祉法人の設立は「それはそれは大変だった」と鈴木さんは振り返る。資金は、元教員の夫と自分の退職金と補助金などで賄ったが、事業報酬が翌々月の入金ということもあって、利用者が少ない当初は運営資金の確保に奔走することもあったという。だが、その後、障害者の家族らが中心の任意団体が運営する「居場所」としての作業所が多いなかで、精神障害者を良く知る専門家による就労支援に軸足を置くサービスは人気を呼び、医

療とのパイプもあって、すぐに事業は軌道にのることになる。そして二〇一六年には、同じ相模原市の中央区にも多機能型事業所「くれあ」を開設する。そして一五年間で全事業の一日の利用者数が延べ約一七九〇〇〇人に、一般企業へ就職した人は二三〇人に達するほどになった。相談事業と就労定着支援も行い、利用者一人一人の障害特性にあったステップアップができる仕組みと、支援の「見える化」が好評だ。利用者のみならず、支援者も一緒に成長できるように、現場の構造化とマニュアルづくりを職員らで取り組んだ。また、「関係機関、特にハローワークに協力を得て、密に連絡を取り合うなどしたことも大きかった」と鈴木さんはいう。パーキンソン病やミトコンドリア病などといった難病の人や重度の精神障害者が、生活介護が必要なところから就職に至るなど、成長と就労の機会はどんな人にもあるということを改めて感じたという。

## 成功の要因は、良い人材と作業マニュアル

事業の成功の要因を鈴木さんは、「良い人材とマニュアル」と話す。人材は北里病院の関係者を頼ったわけでもなく、普通にハローワークから募集したという。レストランの厨

房経験者も、ショップの運営経験者も、障害者支援については未経験だったそうだ。「そういう人の方が先入観がなく何でも教えてくれるので、みんなで話しあってつくりあげてきた」という。昼食時のレストランは満席になる日も多い。コロナ禍を経て、お持ち帰り用デザートやお弁当なども人気だ。チャリティショップで販売する商品は寄付による衣料品や日用品が中心だが、店舗の売り値以上で販売できそうなものはネットオークションに出すこともあるという。リサイクル・リユースの取り組みと開放的な店づくりは、近隣の会社に勤める人や住民らに親しまれている。それを支える事務作業や清掃・洗濯といった裏方を含め、それらの仕事を利用者がスタッフと一緒に取り組むのだが、それには職員たちで丁寧に作り上げた作業マニュアルが大いに役立っている。

精神障害者の就労で大事なことは、その特性にあった仕事をするということに尽きると鈴木さんはいう。自分にあった仕事を与えられていれば、職場のコミュニケーションや人間関係でこじれることも少ないはずだと。仕事ができさえすれば他のことは多少目をつぶるということを職場の全員が理解していることが重要だ。「あみ」の就労支援員は、利用者の就職先に、当人の特性について事細かに、障害者と接したことがない人にもわかるように資料を用いて丁寧に説明する。障害特性とは、努力して変えられるものではないことを理解してもらわなければならない。例えば、挨拶ができないのは言語機能に加えて極度の緊張が原因の場合が多いが、それを強いるのではなく、挨拶はできない、しなくていいと決めて、仕事そのものを評価してほしいと。

日本では、新卒採用者を長い期間をかけて総合職へ育てていくという教育・人事が主流だったためか、障害者の働き方へも影響を及ぼしてきた。だから就労支援機関の多くが、まず挨拶ができるようにから始まるビジネスマナーを学ばせようとし、苦手なことを少しでもできるようにしようとがんばり、できることを一つでも増やそうと指導する。そしてそれを当然のように受け入れてきたが、発達障害の認知度が高まったことなどを受けて、それよりも利用者の得意なこと、強み（ストレングス）を見つけて伸ばすことに重点を置くようになってきた。それを「あみ」では最初からの方針でやり続けている。

また、経験年数の長い管理職に仕事が属人化されてしまう場合も多かった。背中を見て覚えろといった職人タイプの人間が職場を牛耳ると、スタッフはなかなか成長しないし、辞めてしまう。今ではパワハラといわれるようなことが福祉業界にも少なくなかったのである。鈴木さんはそうしたことを見越して、最初から利用者の作業をすべてマニュアル化した。わからないことがあってもスタッフに聞くよりまずマニュアルを見る。そうして障害者支援がはじめてのスタッフでも利用者対応に躓くことなく最低限の仕事ができるようにしたのである。そうして入社した人らがその才能を開花させ、資格を取得するなどして「人財」となっていった。

## 障害者福祉の向上と、事業継続のために

スタッフの役割は利用者の働く力を引き出すことだが、利用者と仕事を通じて共に成長することを目指していく。利用者の希望に寄り添い、立てた目標を、日々の支援のなかでしっかりと共有する。スタッフも利用者も誇りをもって働ける魅力的な職場にする。今ではそうしたノウハウを聞きに訪れる同業の事業者も多いという。鈴木さんはそういう事業者にも惜しみなく伝えるようにしているそうだ。

営利目的の企業が多く参入してきたが、精神障害の本質を知らない人が多いようだと鈴木さんはいう。例えば統合失調症は認知機能の障害で、アウトプットとインプットの誤作動のようなものだが、それが生きづらさといった形で表出する。決して生易しいものではないが、意識しすぎて委縮してしまわないように、そして一人一人にしっかりとかかわっ

たうえでいろんなことを試してみるのもいいのだと鈴木さんはいう。障害者福祉の向上になるのなら、そうした助言や協力は惜しまないつもりだ。

目下の課題は、就職者を確保することと、工賃のアップだ。就職者は毎年一〇人前後を出しているが、簡単ではない。それでも、利用者の働きたいという希望を実現させるため、また翌年の報酬単価にも響くので、何としても達成しなければならない。レストランとチャリティショップの売り上げは好調を維持しているが、こちらも容易ではない。目標工賃は時給三五〇円。毎日休まず通う人なら月に四万円にのぼる額だ。B型利用者だけでなく、移行支援と生活介護の利用者も作業に参加するので、人数が多い分、仕事量と売り上げを確保しなければならない。

ここにきてレストランでは値上げに踏み切ったが、幸い来客数に影響は出なかった。それでもチェーンのレストランに比べると安い料金設定だ。福祉事業所が運営するこうした店舗は、他と比べ安くしなければ売れないのが常識になってしまっている感があるが、レストランAMIは決して他と引けを取らない味とサービスで堂々勝負している。地元の質の良い新鮮な食材を使用することもその一つだ。特産品の卵は、地元業者の協力で、値上げもなく供給してもらっている。併設するチャリティショップでは時おり「半額フェア」

を開催するが、通常よりも品物が多く届く。毎回楽しみにしていてくれるリピーターが多いそうだ。

## トライ・アンド・エラーを恐れず、かかわり続ける

利用者の就職に関しては、ハローワークからの情報提供がほとんどで、企業との合同面接会に利用者が参加をして決まるケースが多いという。過去に採用と定着の実績のある企業からは直接声がかかる場合もあり、就労準備の整った利用者を常に確保しておきたいところだが、比較的重い障害の人を受け入れているので、特性とのマッチングやタイミングがあわないこともあり、容易ではないという。就職までに三年くらいかかる人が多いが、それに対応できるのが多機能型事業所の利点といえるだろうか。就労移行支援を専門にする事業所だと、利用期間が原則二年と決められているので、比較的短期間で就職できそうな軽度な障害の人をターゲットにしたがるようだ。

そして就職ができたとしても半年以上続かないと実績としてカウントできない仕組みなので、定着支援が重要だ。精神障害者の一年後の定着率は約五割といわれているが、半年

をすぎた人の場合は飛躍的に上がる傾向だともいう。だから初めの半年間は特に、企業へ出向いてのフォローが大事だ（なのに定着支援の報酬算定は半年後からなので、この間は無報酬だ）。

それでも続けられないケースは少なくない。すぐに辞めてしまうことが続くと、企業も採用に躊躇するようになるので慎重にすべきだという声が、特に就労に消極的な福祉関係者から聞こえることがあるが、トライ・アンド・エラーは仕方がないと「あみ」では考えている。やはりやってみないとわからないことはある。だが、誰にでも挑戦するチャンスは与えられるべきだし、それは障害の有無に関係がないはず。そういうことが受け入れられやすい環境は整ってきたと感じている。就労のための優先順位を変えることで、再就職ができたケースもあったという。

企業との関係を築き、失敗しても次につなげていく努力が就労支援者側にも必要だ。失敗体験が病状を悪化させたりということを心配する向きもあるが、そういうことはほとんどないそうだ。それも支援者のかかわり方次第ということか。希望すれば誰でも働けるようになるという信念のもとに、失敗を恐れない、挑戦するということを重んじ、かかわり続けるという信頼関係が利用者との間に築けていればこそだろう。その点で「あみ」は特出しているように見える。

## これからも仲間と一緒に生きていきたい

陽だまり作業所（神奈川県相模原市中央区）　森　路子社長

福祉サービスの就労継続支援B型事業所となったのは、二〇一三年（平成二五年）、一〇月。株式会社を設立したのが同年三月。任意団体での精神障害者地域作業所としての活動にピリオドを打った形だが、「今もやっていることは作業所のまま」と、社長で施設管理者の森路子さんはいう。すなわち利用者の生産活動の場というだけでなく、プライベートの生活支援は親御さんのサポートにまで及ぶという。今は少なくなったが、年に一度は職員も含め全員でお出かけしてレジャーを楽しむこともある。つけ爪用の接着剤や眼鏡クリーナーの容器への充填・ラベル貼り・梱包の仕事を企業から請け負っている。膨大な量の依頼が来るので、相模原市内の複数のB型事業所へ発注するほどだ。なので仕事が切れるということはまずないと森さんは話す。工賃は、平均で月一万二〇〇〇円程度。高低差はかなりあるという。利用者は皆、自分のペースで仕事をしている。

利用者は現在、定員二〇人に対し、一八人。職員は管理者の森さんを含め、四人。利用者も職員も皆、在籍期間が長い。よほど居心地が良いのだろうか。一人一人とよく話をすると森さんはいう。「うちでは利用者も職員も皆一緒なの。私、あけっぴろげだから、話しやすいのかな」と少しはにかんだように話す。

## 精神障害者の居場所づくりが急務に

森さんの障害者とのかかわりは、子育てがひと段落ついたころに始めた小学校の特殊学級（現特別支援学級）での援助員の仕事だった。知的やダウン症の子供が中心。その後、地元の社会福祉法人が運営する知的障害者の作業所に勤め、その法人が精神障害者を対象にした作業所を始めるときに、その開設から携わることになる。時はバブル経済が崩壊。雇止めにあった障害者の居場所づくりが早急に求められるようになったころだ。

森さんは一九九六年（平成八年）四月、任意団体として精神障害者地域作業所「陽だまり作業所」を始める。当時、精神障害者は神奈川県の事業の対象として相模原市の保健所の管轄だったのだが、行き場を失った精神障害者からの相談が多く、苦慮するなかで、作業所をつくってほしいと森さんに白羽の矢が立った。土地を借り、敷地内に地主が建ててくれた木造二階建ての「工場」を利用して開設する。

当時、精神障害者の作業所は、近隣住民の反対の声を受けて開設を断念するケースもあったという。そこで森さんは看板も出さず、「工場」の体で始めることに踏み出す。地主の協力もあって、地域の寄り合いや祭りなどに積極的に参加し、信頼を築いていき、作業所の看板を出したのは二年後のことだったという。

## 当時は皆和気あいあい、穏やかで良かった

二〇〇六年に障害者自立支援法（現障害者総合支援法）ができて、地域作業所は福祉サービス事業所への変換を余儀なくされた。任意団体は法人組織への移行が求められ、森さんは二〇一三年（平成二五年）三月に、株式会社 陽だまりを設立する。多くの団体がNPO法人など非営利法人を選ぶなか、なぜ株式会社を選んだのか森さんに聞くと、「あまり深く考えなかった」といい、「しいていえば、利用者の皆が、どこにお勤めしている

かと尋ねられたときに株式会社のほうがいいと思った」と笑っていう。株式会社で福祉サービス事業所になっても、書類をつくったり事務仕事が増えただけでやっていることは作業所のままだという。ただ、作業所のころは保健所や他の作業所との交流が盛んで楽しかったが、今はほとんどなくなった。「浦島太郎ですよ」といって森さんは笑う。「当時はよく集まって情報交換したり、アイデアを出しあって、みんなで必要なものをつくっていったりした」とのこと。精神障害者が気軽に立ち寄って食事や相談などができる地域活動支援センターの初代所長も務めた。「利用者を必死に集めたりなんてしなくてよかったから、皆和気あいあい、穏やかで良かった」と話す。

陽だまり作業所の今後については、「必要とされているうちは続ける」方針だという。現在は定員割れしている状態だが、新しい人はしばらく入っていないそうだ。相模原市の「共にささえあい生きる社会 さがみはら障害者プラン」によると、令和五年は、約一二〇〇人の推定利用者に対し、B型事業所が七九カ所ある。A型と移行支援事業所を含めると、約一六六〇人に対し一〇〇カ所を超えている。やや障害の重い人を対象にした生活介護事業所は、約一七〇〇人に対し八二カ所と、日中の通所系サービスはすでに飽和状態にあるといっていいだろう。

## 一人一人皆違うことを知ってほしい

利用者の最高齢は六七歳の男性で、作業所のころから約二〇年の付き合いだという。近頃ではほとんど作業をすることなく、ふらっと立ち寄っては出ていき、また寄っては出ていくといった風だが、それで誰も困ることもないので様子を見ているとのこと。他にも就職をした人がやって来て、友達とおしゃべりするのを楽しみにしていたり。就職と再就職の合間に利用する人もいるという。「やっぱり会社では友達はできないみたい」と森さんはいう。「心を許す相手がいるとか、安心していられる場所かどうかが大事なんじゃないのかな」「皆お金のため、少しでも家族の役に立ちたいという人もいるし、健常者と同じようになりたいという人もいる」。「だからまず会社は作業所に来てみたらいいと思う。障害者とひとくくりにするのじゃなく、一人一人皆違うことを知ってほしい」と、森さんはそう話す。

## 皆、家族じゃないけど仲間

「ここがなくなっても路頭に迷うことはないようにしてあげたい」と、森さんは最近、新たに農業の六次産業に挑戦し始めたのだそうだ。郊外に約一〇〇〇坪の土地を購入し、オリーブとブルーベリーの苗木を植えた。実を収穫するだけでなく、オリーブの葉は粉末にしてお茶にするのだそうだ。そんな事業を始めるべく、別会社を設立した。陽だまり作業所が休みの週末には畑に出る。「そういうのが好きなのね」と照れたように森さんは笑った。

陽だまり作業所のパンフレットは、温かなオレンジを基調に、「あなたの居場所　笑顔・健康・仲間」とある。「ひとり　ひとり　個性があって　あたりまえ、あなたの笑顔、待っています」。自身も後期高齢者だといって笑う森さんは「みんな家族じゃないけど仲間」「これからも一緒に生きていきたい」と語った。

## おわりに

今回の取材の依頼を倍以上の企業にさせていただいたが、断った企業には誰もが知る大手の企業も含まれる。よくよく検討したうえで断った企業の方には敬意を払いたい。なぜなら障害者に関わることは非常にデリケートなものを孕む場合が多いからだ。慎重になるのは無理もないのである。

私が障害者の就労支援サービスを始めたほんの一五年前は、障害者が企業に雇われて働くのは「普通」ではなかった。当時は「わが子に働く場所を」と母親たちが始めたといわれる「地域作業所」で働くのが障害者の「働く」であって、会社と雇用関係を結んで健常者の人たちと一緒に働くなんてことは、障害者のことを何も知らない「エリート役人の戯言！」「この子たちがかわいそう」と切り捨てる福祉の現場関係者が多かった。

それでも障害者を取り巻く法律が次々と制定されたり変わったりし、さらには「働き方改革」の登場で、福祉関係者も否応なくその大きな渦に巻き込まれることになる。作業所は就職できる子を手離そうとしないとか、「月に一万円の工賃とはけしからん！」といった声が大きくなり、障害者本人たちも次第に作業所の「卒業」を目指すようになっていった。「障害者は社会を映す鏡」といわれるが、障害者雇用が進んだ結果、社会はどう変わっただろうか。ＳＤＧｓが謳われ、このままではまずいという機運は確かに感じられるようになった。コロナウイルスのパンデミックを経て、持続可能な社会を目指そうとするうねりを感じる。ダイバーシティが潜水士のいる町のことではなくて「多様性」を表す言葉だというのは周知のこととなった。企業はステークホルダー（これもよく聞かれるようになった言葉だ）にそっぽを向かれないように、女性の活躍や外国人の採用と共に障害者雇用にも積極的に取り組まなければならない。そしてそれは形ばかりではなく実の成るものでなければならない。障害者が企業で働いて幸せになるか、病気を悪化させるなど失敗体験を積み重ねるだけになるかは、そこにかかっているといってもいいだろう。

障害者が皆企業に雇われて働けるわけではない。メディアは障害があっても輝いて見える人を好んで登場させるが、大半の障害者は日々の暮らしもままならないでいる。私の施設に通い出した知的障害の方に就職の話をすると、「なんでそんなことをいうんですか！」と泣いて訴えられたことがあった。以前に企業で働いたことがあって、よほどつらい目にあったのだろうか。それから私は就職の話を彼にすることはできなくなった。親御さんも作業所で穏やかにすごしてくれることを希望しており、心配なのは自分たちの亡き後、精神障害を持つ姉と二人でこの家で生きていけるのかということであった。

福祉サービス事業者はこのような利用者のこれから起こりうるであろう様々なことを想定しながら、寄り添っていくのである。働く障害者と働かない障害者の間に壁を立てるべきではない。作業所で働くというセーフティーネットはこれからも必要だろう。安心していられる場所、安心して働ける場所はすべての人に必要だ。余裕のない企業は無理をしすぎてはいけないと思う。

障害者雇用が進んで社会は寛容になっただろうか。「共生社会」というが、障害者と共に生きていきたいのであれば、社会が寛容でなければならない。何事にも時間がかかることや意味不明な言動にも辛抱強く対応しなければいけない。もちろん寛容な社会とは何も障害者に対してだけではなく、私たちの日常のありとあらゆるところに現れる不具合や違和感に柔軟に対応することのできる社会のことをいう。また寛容とは、お互いが自分の欠けたところを補い合う存在だと認め合うことである。甘やかしや過干渉と誤解してはいけない。「おたがいさま」ということだ。それには訓練が必要だ。私たちは本質的に争うことが好きだからである。

社会は個人の集合体なのだから、社会を変えたければまず個人からだろう。障害者と共に働くことで、他者への配慮と気遣いを学んだ人たちが、プライベートの場においてもその寛容さを発揮できたなら、おのずと社会は変わっていかないだろうか。障害者雇用を進めた先のこの会社はどうなるのか、リーダーはそれを社員たちに示して見せなければならない。

今回取材させていただいた会社の社長にすべてお会いできたわけではないが、法定雇用率をはるかに超えて多くの障害者を雇用するには、相当の覚悟と人生観というものがあるのだろう。損得勘定では計れない大事なものを感じ取っているに違いないのだ。なかにはまだ規模が小さく、障害者を雇用する義務が生じない企業や、社員の大半を障害者が占めるような企業がある。そのような決定に至るには、日頃から様々な事柄に関心を持っているからだろう。

「愛の反対は憎しみではなく無関心」と、かのマザー・テレサはいった。障害者を、愛を持って雇用する企業を、神が放っておくはずがない。

だから多くの企業が、恐れずに、一歩を踏み出してほしいと願っている。

著者

企 画 協 力　物語と漫画と合同会社
ブックデザイン　castanet studio
D　T　P　初雪デザイン
校　　閲　三戸 浩美

## 古里　靖（ふるさと やすし）

1965年生まれ、秋田県出身。

株式会社ウェルガーデン代表取締役。

障害者雇用と緑地管理のコンサルタント。

神奈川県の高校を卒業後、造園会社に３年間勤務した後、渡米。カリフォルニア州サクラメントで２年間ガーデナーとして働く。

帰国後、様々な職業を転々とした後、庭仕事は天職と悟り、個人宅を中心に毎月１回定期的に訪問するスタイルのガーデンクリーンナップサービスを開業。

園芸療法に出合い、精神障害者と共に庭仕事をする。

所属するキリスト教会の牧師が運営するNPO法人の下で障害者の就労支援施設を設立し、所長に就任。３年後に株式会社ナチュラルライフサポートを設立し、代表取締役に就任。「ガーデニングで障害者支援」をコンセプトに障害福祉サービス事業所レインツリーを開設。以降、12年間で事業所を４か所展開し、延べ300名以上の支援に携わる。

事業を通して障害者雇用の現状を知り、障害者本人への支援から、雇用する企業の支援に軸足を移すことを決意し、株式会社ウェルガーデンを設立。障害者従業員による緑地の維持管理体制の構築を主とするコンサルティング事業を開始。障害者がいきいきと働く緑豊かな企業が増えることを目指して活動中。

◆株式会社ウェルガーデンのホームページ ⇒ https://wellgarden.work

障害者雇用のすすめ

2023年8月8日　初版第１刷発行

著　者　古里 靖　©Y.Furusato 2023

発　行　合同会社 オールズバーグ
〒107-0062　東京都港区南青山2-2-15
https://allsburg.co.jp/

発　売　株式会社 扶桑社
〒105-8070　東京都港区芝浦 1-1-1　浜松町ビルディング
電話 03-6368-8891（郵便室）
www.fusosha.co.jp

印刷・製本　中央精版印刷 株式会社



ISBN978-4-594-09532-1　C0036　Printed in Japan